清华·国有企业研究丛书

金融资产管理公司功能研究

Study on the Function of
the Financial Asset Management Company
in China

王元凯 ◎ 著

社会科学文献出版社
SOCIAL SCIENCES ACADEMIC PRESS (CHINA)

序言（一）

金融资产管理公司是以投资不良贷款等不良资产为主要职责的金融企业，其诞生与银行危机是密不可分的。早在20世纪80年代末90年代初，为应对银行危机，美国成立了重组信托公司（RTC）专门处置银行及贷款机构的不良资产，有效化解了金融风险，由此RTC成为"坏账银行"的典范。后来，瑞典、法国等欧洲国家纷纷成立类似的机构，承担处理银行体系不良资产的使命。在20世纪末亚洲金融危机爆发之后，日本、韩国等亚洲国家也借鉴西方经验，成立了专门处置银行不良资产的金融机构。在1999年，为了积极应对亚洲金融危机、防范和化解金融风险、依法处置国有商业银行的不良资产，中国先后成立了信达、华融、长城、东方四家金融资产管理公司。经过多年发展，这四家金融资产管理公司围绕不良资产收购处置市场，已经积累了丰富的实践经验，并与各地具有批量收购银行不良贷款资质的地方资产管理公司、五大国有银行成立不久的金融资产投资公司，以及其他各类从事不良资产业务的企业，共同形成了独特的金融业态，这需要认真研究。

近年来，防范和化解金融风险得到高度重视。在2017年的全国金融工作会议上，明确要求防控金融风险，把主动防范化解系统性金融风险放在更加重要的位置，着力完善金融安全防线和风险应急机制。在2018年7月底，伴随着外部环境发生明显变化，以及经济运行面临的新问题新挑战，又进一步要求把防范化解金融风险和服务实体经济更好结合起来。这需要尽快完善不良资产市场体系，提高不良资产市场的运行效率，进一步规范各类主体的行为，建立健全相关的政策法规和规章制度。其中，金融资产管理公司作为不良资产的主要收购方，应坚定回归金融本源、坚持不良资产主业，加强收购处置金融不良资产和非金融不良资产，更好地发挥化解风险、盘活存量、服务实体的独特作用。

为更好地发挥中国的金融资产管理公司的独特作用，《金融资产管理公司功能研究》一书在金融发展理论和金融中介理论等已有成果基础上，深入分析了金融资产管理公司这一特殊金融中介对商业银行、实体企业的重大作用，及其发挥的基本功能和衍生功能。同时，运用新制度经济学的分析框架，提出金融资产管理公司在不良资产市场节约了交易成本的观点。并且，从企业理论出发，提出了金融资产管理公司"股东功能"的概念，指出实际控制人对金融资产管理公司功能定位的重大决定作用。通读全书可以发现，王元凯博士提出了金融资产管理公司的"双重功能"，具有实证性质的"机构功能"和具有规范性质的"股东功能"。通过这个"双重功能"，可以对作为中央金融企业的金融资产管理公司有一个很好的认识。最后，希望王元凯博士的《金融资产管理公司功能研究》可以为有关人员提供有价值的帮助。

国家金融与发展实验室副主任
浙商银行首席经济学家
殷剑峰

序言（二）

自 1999 年成立以来，金融资产管理公司在我国经济金融改革发展中发挥了积极作用。对商业银行，收购并处置不良贷款，托管并救助问题银行，促进国有银行的改革发展。对国有企业，实施债务、资产重组，优化企业资产负债结构，救助问题企业，发挥企业再生功能。对金融体系，防范和化解金融风险，保全国有金融资产，提高社会信用水平。对实体经济，盘活存量资产，优化社会资源配置，促进实体经济增长。经过多年发展，金融资产管理公司围绕不良资产收购处置业务，积累了强大的金融技术和丰富的业务实践，已经成为我国独特的金融业态，因此需要不断地总结金融资产管理公司的改革发展经验。

近年来，金融资产管理公司认真贯彻落实党中央及金融监管部门的有关要求，牢固树立"四个意识"，坚定增强"四个自信"，坚持稳中求进工作总基调，紧紧围绕国家供给侧结构性改革，加强发展不良资产主业，积极履行"化解金融风险、服务实体经济"的光荣使命。在化解金融风险方面，金融资产管理公司积极回归金融本源，有序开展金融体系不良资产处置、化解问题企业债务危机和开展问题金融机构的救助处置，有效降低实体经济的杠杆率，提高金融体系的稳健性。在破除实体经济无效供给方面，金融资产管理公司通过将业务对象从传统的不良贷款,拓展到金融和非金融的不良资产,延伸到实体经济中的问题资产,通过收购重组、投资投行等手段,有效化解产能过剩行业、传统行业升级等积累的问题资产,最大限度地盘活了社会存量资产。在推进实体经济优化升级方面,金融资产管理公司主动发挥金融"全牌照"的协同综合优势,以综合金融为手段,有针对性地支持了一些传统行业的技术升级,重点支持了一批具有发展前景的新产业,推动我国实体经济高质量发展。

恰逢其时,《金融资产管理公司功能研究》运用经济学和金融学的相关理论,对金融资产管理公司的金融功能进行了较为系统的研究。从金融微观市场看,金融资产管理公司作为一种特殊的金融中介对其他金融机构、实体企业、政府部门等主体发挥了有利作用。从金融功能观理论看,金融资产管理公司具有化解金融风险、盘活存量资产等基本功能,并衍生出一系列新功能。从制度分析看,金融资产管理公司具有节约不良资产市场交易成本、提高资产市场效率、优化经济资源配置等功能。在比较视角下,金融资产管理公司与商业性金融机构相比具有金融风险处置、存量资产盘活等差异性功能,与保障性金融机构相比其金融功能更加丰富强大。同时,金融资产管理公司功能具有历史演进性,在不同时期被国家定位不同功能。因此,需要改进金融资产管理公司的内外制度安排,更好地促进其履行"化解金融风险、服务实体经济"的光荣使命。

最后,希望《金融资产管理公司功能研究》一书能使社会各界对中国的金融资产管理公司多一点认识和理解,为金融相关人员提供有用的参考。

中国长城资产管理股份有限公司副总裁

孟晓东

内容摘要

本书在金融市场学、金融中介学、新制度经济学等经济学理论框架下，从微观市场、金融功能观、交易成本等角度研究了金融资产管理公司的功能，在金融组织体系中比较了金融资产管理公司与其他金融机构的功能差异，以中国长城资产管理公司为例研究了金融资产管理公司的功能演进，还分析了国家对金融资产管理公司定位的功能，及相关的保障措施，最后给出结论及建议。

本书的主要结论如下。

（1）在金融微观市场层面，金融理论及历史经验表明，金融资产管理公司作为一种特殊的金融中介对其他金融机构、实体企业、政府部门等经济参与主体发挥了积极作用。

（2）在金融机构功能层面，金融资产管理公司具有防范和化解金融风险、盘活存量资产等基本功能，并在发展过程中自然衍生出资产管理、融合创新、综合金融服务等新功能。

（3）在经济制度层面，金融资产管理公司具有节约不良资产市场交易成本、提高资产市场效率、优化经济资源配置等功能。

（4）在比较功能视角下，金融资产管理公司与商业性金融机构相比具有金融风险处置、存量资产盘活等差异性功能，与保障性金融机构相比其金融功能更加丰富强大。

（5）以中国长城资产管理公司为例，金融资产管理公司功能具有历史演进性，政府、金融市场、客户需求、自身发展等因素影响其功能变迁。

（6）从股东角度出发，按照三个发展阶段，分析了不同时期资产公司被定位的特定功能，研究表明金融资产管理公司的功能变化受国家政策影响最大。

（7）从被定位功能实现出发，为落实金融资产管理公司被定位功能的实施，国家在法律法规、人事管理、考核管理、业务监管等四个维度采取了相关保障措施。

（8）新时代背景下，需要改进完善金融资产管理公司的内外制度安排，充分发挥金融资产管理公司的功能，以此助推经济结构调整和系统性风险防范化解。

Abstract

Based on the theory of financial markets, financial intermediaries and new institutional economics, this book studied the function of the Financial Asset Management Co. from the perspective of micro-market, financial function, transaction cost, etc., and compared the functional differences between the Financial Asset Management Co. and other financial institutions in the financial organization system.

The main conclusions of this book are below.

a) In the financial markets, the financial theory and historical experience shows that the Financial Asset Management Co. as a special financial intermediary plays a beneficial role in the economic participation of other financial institutions, enterprises and government departments.

b) In the functional level of financial institutions, the Financial Asset Management Co. has the basic functions of preventing and resolving financial risks, managing the existing assets, etc., and in the course of development, the new function of asset management, integration of innovation, integrated financial services and so on.

c) On the level of economic system, the Financial Asset Management Co. has the function of saving the market transaction cost, improving the efficiency of asset market, optimizing the allocation of economic resources and so on.

d) In view of the comparison function, the Financial Asset Management Co. has the functions of preventing and resolving financial risks, managing the existing assets, etc., compared with commercial financial institutions differently, and its financial function is more rich and powerful, compared with the secured financial institutions.

e) The function of the Financial Asset Management Co. has historical evolution, with the China Great Wall Asset Management Co. as an example, the government, financial markets, customer needs, their own development and other factors affect its functional changes.

f) From the perspective of shareholders, according to the three development stages, the specific functions of AMC positioned in different periods are analyzed. The research shows that the functional changes of AMC are most affected by government's policies.

g) Starting from the realization of the function of positioning, in order to implement the implementation of the positioning function of the AMC, the governnment has taken relevant safeguard measures in four dimensions: laws and regulations, personnel management, assessment management, and business supervision.

h) In the new normal, need to improve the internal and external institutional arrangements for the Financial Asset Management Co., to give the full play to the functions of the Financial Asset Management Co., in order to adjust economic structure and, to prevent and resolute the system risk.

目 录

第一章 问题的提出 …………………………………………… 1
  一 研究背景和意义 ……………………………………… 2
  二 金融资产管理公司相关研究文献评述 ……………… 8
  三 金融资产管理公司的机构功能与股东功能 ………… 11
  四 研究对象、方法和内容 ……………………………… 15

第二章 金融资产管理公司的功能研究：基于微观市场视角
  …………………………………………………………… 18
  一 金融资产管理公司与其他市场主体相互作用的
    内在机理 ……………………………………………… 19
  二 金融资产管理公司在微观市场中的具体作用：一个
    简单的两部门模型 …………………………………… 23
  三 金融资产管理公司在微观市场中的具体作用：基于
    简单模型的拓展 ……………………………………… 33
  四 金融资产管理公司在微观市场中的具体作用：基于
    历史经验 ……………………………………………… 38
  五 小结 …………………………………………………… 45

第三章 金融资产管理公司的功能研究：基于金融功能观视角 47
  一 金融功能观理论概述 47
  二 金融资产管理公司的基本金融功能 50
  三 金融资产管理公司的延伸金融功能 66
  四 小结 74

第四章 金融资产管理公司的功能研究：基于新制度经济学视角 76
  一 新制度经济学视角下的金融资产管理公司 76
  二 基于交易成本分析框架的金融资产管理公司
    功能研究 80
  三 制度环境对金融资产管理公司功能的影响 91
  四 小结 102

第五章 金融资产管理公司在金融组织体系中的功能比较 104
  一 中国金融组织体系的基本情况 104
  二 金融资产管理公司与商业性金融机构的功能比较 108
  三 金融资产管理公司与保障性金融机构的功能比较 114
  四 小结 116

第六章 金融资产管理公司在金融组织体系中的功能演进
    ——以中国长城资产管理公司为例 118
  一 长城公司金融功能的历史变迁 118
  二 长城公司金融功能演进的动因 127

三　长城公司金融功能的未来定位 …………………… 131
　　四　小结 ……………………………………………… 138

第七章　金融资产管理公司被所有者定位的功能：股东功能 …… 140
　　一　政策性经营时期的特殊财务装置功能 ……………… 141
　　二　商业化转型发展时期的经营利润目标制和
　　　　多元化发展 ………………………………………… 142
　　三　新时代的新功能定位：聚焦主业、服务实体经济、
　　　　防控风险 …………………………………………… 144
　　四　小结 ……………………………………………… 146

第八章　金融资产管理公司被所有者定位的功能：保障机制 …… 148
　　一　金融资产管理公司的法律法规机制 ………………… 148
　　二　金融资产管理公司的人事管理体制 ………………… 151
　　三　金融资产管理公司的考核管理体制 ………………… 152
　　四　金融资产管理公司的业务监管体制 ………………… 154
　　五　小结 ……………………………………………… 157

第九章　结论、建议与展望 ……………………………… 158
　　一　基本结论 ………………………………………… 158
　　二　政策建议 ………………………………………… 163
　　三　未来展望 ………………………………………… 169

附　录 ……………………………………………………… 171
参考文献 …………………………………………………… 220

第一章 问题的提出*

目前，在中国，金融资产管理公司①就是特指中国华融资产管理公司、中国长城资产管理公司、中国东方资产管理公司、中国信达资产管理公司。截至2017年末，四家金融资产管理公司的资产规模近5万亿元，合计控制银行、证券、保险、信托、基金、金融租赁等领域50家左右的金融子公司。自1999年成立以来，四家金融资产管理公司由独资的政策性机构转变为股份制现代金融企业（见表1-1），业务范围从单纯的不良贷款处置扩大到收购处置、收购重组、投资投行、债转股等，且经历了单一开展不良资产主业到多元化经营，又回归不良资产主业的螺旋上升式发展过程。在这一发展过程中，金融资产管理公司积累了一些问题。在新时代，金融资产管理公司的内外环境发生了变化。此外，金融资产管理公司具有双重的资本属性，既是财政部控股的中央金融企业，也是具有追求利润动机的金融集团，相应地，也具有双重金融功能。因此，

---

* 因可能涉及保密，笔者对相关数据和信息资料进行了必要的技术处理，但对全书阅读的连贯性影响不大。若读者确实需要了解相关信息，可向相关单位进行咨询。

① 金融资产管理公司，英文为"Financial Asset Management Company"，中文简称"资产公司"，英文简称"AMC"。中国华融资产管理公司、中国长城资产管理公司、中国东方资产管理公司、中国信达资产管理公司，分别简称为华融公司、长城公司、东方公司、信达公司。

迫切需要进行系统性研究，把握好金融资产管理公司的内在规律，以更好地促进金融资产管理公司造福人民。

表1-1 金融资产管理公司发展简史

时间	华融公司	长城公司	东方公司	信达公司
1999~2006年	政策性机构，政策性业务			
2010年				股改成功
2012年	股改成功			
2013年12月				在香港上市
2015年	在香港上市			
2016年		股改成功	股改成功	

资料来源：各公司网站。

一 研究背景和意义

（1）在宏大的经济金融体系中，金融资产管理公司是独特的金融业态，并且正在向金融控股集团转型，将在未来的经济金融生活中发挥更大的作用。

金融资产管理公司，简称为资产公司，在我国的金融体系中具有独特性。为防范和化解金融风险，依法处置国有银行的不良资产，1999年组建了四家资产公司，包括华融公司、长城公司、东方公司和信达公司。在政策性经营时期，四家资产公司主要任务是收购、管理、处置国有银行剥离的不良资产。2007年商业化发展以来，四家资产公司在不良资产收购和处置业务的基础上，开展了投资、受托管理、评估服务等一系列商业化业务。近年来，四家资产公司在坚持以不良资产收购和处置为主要业务的基础上，初步形成了包含银行、证券、保险等在内的综合性金融业务体系。2017年，又坚定回归主业，母公司加强发展不良资产主业，子公司也聚焦自身主业。纵观1999年以来的改革和发展，资产公司与商业银行、证券公司、保险公司、信托公司等有着本质的区别，尤其是资产公司从存量资产的角度服务经济金融发展，具有内在的独特性，值得深入探索和研究。

从国际经验看，我国的金融资产管理公司依然具有独特性。为应对金融危机，各国都曾纷纷组建资产公司，处理不良资产，化解金融风险。但是，部分国家在金融危机结束之后解散了此类资产公司，比如美国的重组信托公司（Resolution Trust Corporation, RTC），而我国的四家资产公司在完成政策性任务之后不仅存续，还走上了商业化发展和改革的转型道路。与国际上存续的资产公司比较，我国的资产公司也有不同点。例如，韩国资产管理公司在亚洲金融危机结束后，继续发挥着重要的金融功能，主要是收购处置不良资产，维护金融稳定，并帮助问题企业再生发展。我国四家资产公司不仅收购处置不良资产，维护金融稳定，还形成了包含银行、证券、保险等在内的综合性金融业务体系，促进了不良资产业务和传统金融业务的协同发展，更好地发挥了防范和化解金融风险功能，以及存量资产盘活、资产管理、融合创新、综合金融服务等功能。

目前，金融资产管理公司正在向金融控股集团转型，将在未来的经济金融生活中发挥更大的作用。华融公司已经搭建起以总部为主，以全国30多家分公司和湘江银行、华融证券、华融国际信托、华融金融租赁等14家控股子公司为两翼的金融控股集团。长城公司已经基本形成了"全牌照"的金融平台公司体系，包括德阳银行、长城国瑞证券、长生人寿保险、长城金融租赁等子公司。东方公司拥有中华联合保险控股、东兴证券、大业信托、外贸租赁、邦信资产、东方金诚、东方邦信等10家控股公司，业务涵盖资产管理、保险、证券、信托、租赁等。信达公司于2013年12月12日在香港成功发行上市，已经拥有信达证券、幸福人寿保险、信达金融租赁、信达投资等10余家子公司。总体上，我国金融资产管理公司分支机构遍布全国，已经发展成为金融控股集团，业务涉及银行、证券、保险、信托、基金、租赁、投资等各个领域，服务对象包括银行、证券公司、保险公司等金融机构，以及实体企业集团、中小实体企业和个人，对经济金融体系的影响越来越大。

（2）在金融组织体系中，金融资产管理公司已经具备了多方面的重要金融功能，伴随着经济金融环境的变化，资产公司应该开发新的金融功能，并加强完善这些新的金融功能。

四家资产公司于1999年组建成立，主要任务是收购、管理、处置国有银行剥离的不良资产，承担和具备的主要金融功能是防范和化解金融风险功能。在政策性经营时期，资产公司依法处置国有商业银行的不良资产，发挥了对商业银行等金融机构和实体企业的救助、托管和效率提升等金融功能，并承担社会责任、维护社会稳定。1999年至2006年底，资产公司主要以政策性收购和处置不良资产为经营业务，在宏观经济金融层面上体现出系统性风险处置、逆周期、宏观审慎政策工具等金融功能。

2007年商业化发展以来，伴随着内外环境的变化，资产公司在继承原有金融功能的基础上，承担并发挥出新的金融功能。资产公司通过商业化收购和处置不良资产，运用债务重组、资产重组、并购重组、投资投行等专业技术，从存量的角度，与传统的银行、证券、保险等金融机构区分开来，发挥出存量资产盘活功能。为满足客户日益多元化的金融需求，资产公司在不良资产管理的基础上延伸到正常资产的管理，利用不良资产管理技术和银行、证券、保险等金融技术扩大资产管理范畴，被赋予了崭新的资产管理功能。目前，四家资产公司已经拥有多家金融平台公司，并成为大型国有金融控股集团，形成了综合性金融业务体系，其融合创新功能和综合金融服务功能得到加强。

成立四家金融资产管理公司，是我国金融体制改革的一项重要制度安排。从新制度经济学角度看，资产公司是在特殊历史时期的特殊金融制度安排，节约了不良资产收购和处置的交易成本，发挥了防范和化解金融风险的重要功能。商业化改革和发展以来，随着我国经济金融环境的变化，资产公司逐步被赋予了存量资产盘活、资产管理、融合创新、综合金融服务等新的金融功能。为更好地发挥资产公司的金融功能，应在制度安排、行业管理及公司治理等方面加强建设，促进资产公司更好地服务实体经济。

（3）系统性地研究金融资产管理公司的金融功能，需要回答资产公司具备或发挥了哪些金融功能及其内在原因，并了解这些金融功能的历史演进。

一般情况下，将功能划分为三个层次，分别是：具体的功能，即对其他主体的有利作用；抽象的功能，即满足需求的属性；演进的功能，主要指功能的变迁。与此相对应，本书在微观市场视角下研究资产公司的具体功能，主要涉及资产公司对银行、实体企业及政府的有利作用；在金融功能观视角下研究资产公司的抽象功能，涉及资产公司的基本金融功能和延伸金融功能。在资产公司的功能演进方面，以长城公司为案例，分析长城公司的功能演进，并定位长城公司的未来发展。

为进一步完善资产公司的功能研究，本书在新制度经济学理论框架下，从交易和交易成本的角度，分析资产公司发挥这些金融功能的内在原因，以及制度环境对资产公司金融功能的影响。同时，运用比较的方法，研究资产公司在我国金融组织体系中发挥金融功能的特点，比较它与其他商业性金融机构、保障性金融机构的功能差异。在企业理论分析框架下，从企业实际控制人角度出发，提出了资产公司的"股东功能"，剖析国家对资产公司功能定位的决定作用，及相关的保障机制。系统性地研究资产公司的金融功能，是为了更好地发挥资产公司的金融功能，更好地发展资产公司，更好地促进资产公司服务经济金融体系，这需要政府给予相应的政策支持。

（4）系统性地研究金融资产管理公司的金融功能，不仅有助于资产公司的自身发展，而且有助于政府部门、经济主体、社会公众等向它提供支持，使它更好地服务金融经济发展。

从理论意义看，系统性地研究资产公司的金融功能尚属罕见。一方面，资产公司还属于新鲜事物，缺乏系统性的研究成果，针对资产公司金融功能开展系统性研究具有重要理论意义。另一方面，我国资产公司具有特色，总结其10多年的发展经验及内在规律，不仅有助于完善资产公司、金融中介学、金融发展学等金融理论体系，而且有助于研究具有中国特色的金融发展规律。此外，资产公司的作用越发明显，迫切需要一个系统性的研究展现资产公司的金融功能，更好地发挥资产公司的社会作用。

从实际意义看，本研究对资产公司自身及其行业、其他市场主体、政府及公众都具有重大意义。对于资产公司而言，经过十多年来的发展，它自身功能在发生变化，需要梳理资产公司的金融功能及其变化，也需要探索资产公司金融功能演进的内在原因。回答资产公司是什么，绕不开阐明资产公司的金融功能，还需要回答这种动态变化的资产公司金融功能的演进路径，及其变化的背后原因。从发展角度看，资产公司不仅需要完善已有的金融功能，还需要根据社会需求增加丰富其他金融功能，更重要的是落实发挥好各类金融功能，更好地服务实体经济。从行业发展看，四家资产公司已经从单一的收购处置不良资产的政策性金融机构，演变为具有多家金融平台的"全牌照"的金融控股集团，同时地方资产管理公司也涌现，系统性地研究资产公司的功能，就是为了更好地了解该行业，更好地发挥资产公司的金融功能，造福社会。

对于市场经济主体而言，商业银行与资产公司的合作层面，从当初的不良资产出售收购业务，扩大到资金、资产、客户、渠道等多方面；信托、金融租赁、券商、保险等非银行金融机构与资产公司的合作，从破产托管等扩大到投资、投行、融资等各类业务；实体企业与资产公司的合作，也从追偿清算、债务重组、资产重组、债转股等扩大到提供投资、融资的综合金融服务。梳理研究资产公司的金融功能，不仅可帮助其他金融机构、实体企业等市场主体认清资产公司的本质及运行，而且拓展了其他金融机构及实体企业的合作范围，有助于促进资产公司、商业性金融机构及实体企业之间的共同发展。对于政府而言，系统性地掌握资产公司的金融功能，有助于改进监管政策，加强经济金融支持政策，助推资产公司的发展及使之更好地发挥强大的金融功能；有助于明确资产公司改进其他金融机构效率、帮助企业经营发展等一系列行为支持实体经济发展；资产公司也发挥了支持扶贫、教育等社会责任。对于社会大众而言，资产公司不仅仅是一家金融企业，更具有化解金融风险、盘活社会存量资产、支持实体经济发展等重要金融功能；资产公司不再是单纯收购处置不良资产的坏账银行，它已经发展成为具有金融全牌照、金融功能强大、富有社会责任感的金融控股集团。这些都有助于社会主体清晰客观地认识资产公司，也为其发展营造了良好的社会环境。

二 金融资产管理公司相关研究文献评述

国外研究主要集中于中国金融资产管理公司的制度约束与运行绩效评价。BIS（2002）分析了中国四家金融资产管理公司的成立、不良资产经营的规模及早期绩效等，强调四家金融资产管理公司的融资透明问题及潜在的财政金融风险等。Shih（2005）从政治因素的角度解释中国不良资产问题，认为政治因素在中国的金融政策中发挥重要作用，包括不良信贷的政治化、控制新增不良资产及削减不良资产规模等问题。

国内研究贯穿于金融资产管理公司的各个发展阶段。我国四家资产公司主要以2006年底完成政策性经营任务为分水岭。从1999年成立到2006年底，资产公司基本完成了政策性经营任务。2007年以来，资产公司开始走上商业化转型道路。根据发展阶段，关于资产公司功能定位的研究可以被划分为两个部分，即政策性时期的和商业化改革发展时期的。

在初创成立期，主要强调金融资产管理公司处理不良信贷的具体功能。金晓、徐师范（1999）认为金融资产管理公司是在银行业出现危机时由政府设立的不以盈利为目的的金融中介，主要目标是挽救身陷危机的金融行业,具体包括注资银行业、回收不良资产价值、组织金融行业及降低社会影响等。张亦春(2000)对刚成立的金融资产管理公司进行了模式比较、业务简介和绩效分析,并探讨了我国金融资产管理公司的模式选择、不良资产划拨方式、功能定位及内部激励等问题。刘燕(2000)从金融资产管理公司在中国产生的背景入手,分析了金融资产管理公司的性质及其在进入阶段、管理阶段及退出阶段的不同操作步骤与面临的风险,还包括其运行的外部条件等。

在改革发展期,主要研究金融资产管理公司的商业化转型发展。最为典型的研究是,中国人民银行成立金融资产管理公司改革和发展课题组,并研究资产公司的改革和发展,主要观点是促进资产公司进行商业化转型。课题组(2006)认为,我国资产公司取得了积极的经营绩效,但也存在一些问题,如资产公司定位尚未明确、法律和制度环境不完备、公司法人治理结构不健全、经营市场化程度亟待提高等。在我国金融改革、开放和发展的新形势下,资产公司仍然有继续存在的必要性和积极意义,但必须进行重组改革,要尽快明确资产公司的发展定位,建立现代公司治理结构和市场化的运行机制,加强和改善资产公司的经营环境、制度环境和外部监管。张士学(2007)在新制度经济学理论框架下,简要回顾了资产公司作为正式制度安排的特殊背景及其初始预期,对资产公司制度运行7年多的情况做了初步观察及评价,从正式制度、非正式制度及制度实施机制上深入分析了资产公司的运行绩效、存在问题及原因,得出资产公司的正式制度存在不足和漏洞、正式制度与正式制度的相容性和协调性差、制度实施机制软化等结论,并从法律、体制机制及社会文化等角度提出政策建议。

股改之后，关于金融资产管理公司功能的研究主要集中在不良资产业务及综合化发展前提下的机构功能。一种观点是资产公司具有三大功能：一是独特的不良资产经营和金融风险化解功能，决定了资产公司可以逆周期成长，发挥"金融稳定器"的作用；二是集团化的综合经营构架和多元化的综合金融服务手段，使资产公司能够根据客户需求提供"全方位、组合式"的金融服务，充分发挥协同效应、实现范围经济；三是"全周期"的业务经营模式和"全供应链"的金融服务模式，使资产公司具备很好的"融合创新"基础，特别是在金融工具的逆周期组合和多功能融合方面大有可为。另一种观点是资产公司有"五大功能"：一是"资产处置"功能，通过重组期限、利率、押品等盘活债务，为全社会提供逆周期危机救助型金融服务，充分发挥熨平经济周期波动的"安全网"和"稳定器"重要作用；二是"资产经营"功能，以资产收购为切入点，在"以时间换空间"基础上延伸服务链、价值链，实现债权和股权的资产沉淀、资产盘活、新资金注入后的价值提升和创造，以增量盘存量、化不良为优良，实现资产增值；其余是"资产管理"功能、"财富管理"功能和"综合金融服务"功能。

最近，在金融回归本源的大背景下，提出了一种出资人角度下的金融资产管理公司功能定位。陈瑞等（2018）从出资人角度出发，重新定位了金融资产管理公司的功能，借鉴淡马锡模式，赋予金融资产管理公司的"淡马锡"功能，使其成为政府和国有企业之间的一个纽带，承担政府对国有企业的管理职能，解决国有企业管理、改革、发展等一系列问题，促进金融资产管理公司和国有企业发展。

总体上，已有成果对我国金融资产管理公司的经营绩效、业务发展、监管等研究较多，对金融资产管理公司的功能研究较少，并且没有一个完整的功能研究系统，缺乏相应的理论支撑。因此，从理论研究的角度看，系统性地研究我国金融资产管理公司的金融功能具有重要意义。

三 金融资产管理公司的机构功能与股东功能

要研究清楚金融资产管理公司的功能，就需要对"功能"做个考察和约定，首先要仔细地界定好本书所研究的功能。在此基础上，本书将金融资产管理公司的功能，又进一步细化为"机构功能"和"股东功能"。前者是指金融资产管理公司作为一种非银行金融机构实际发挥的作用，是现实的；后者是指金融资产管理公司的股东或实际控制人，对金融资产管理公司的命令，是一种被指定的功能定位。需要说明的是，本书中的机构功能和股东功能是一种约定，作为一种分析视角的约定，在金融资产管理公司实际运行中机构功能和股东功能是相互作用、相互影响的。

（一）功能的含义和规定

为研究金融资产管理公司在金融组织体系中的功能，首先要了解"功能"二字的内在含义。根据本书研究目的，这里从文字解释、管理学及金融学三个具有代表性的角度理解"功能"。

在文字解释方面，对"功能"的定义，大概存在五种解释（见表1-2）。这里将"功能"定义为"事物或方法所发挥的有利作用"，即"效能"，或"功效"。

表1-2　"功能"的定义

定义	代表性的出处
技能	《管子·乘马》:"工,治容貌功能,日至於市。"
效能,功效;事物或方法所发挥的有利作用	《汉书·宣帝纪》:"五日一听事,自丞相以下各奉职奏事,以傅奏其言,考试功能。"
才能	《举案齐眉》(无名氏,元)第三折:"则为你书剑功能,因此上甘受这糟糠气息。"
有才能的人	《论吏士行能令》(曹操,魏):"太平尚德行,有事赏功能。"
行为模式	功能是一种行为模式,通过此行为,某物实现了它的目的(牛津英语词典)。

在管理学中,"功能"的定义是对象能够满足某种需求的一种属性。凡是满足使用者需求的属性都属于功能的范畴。满足使用者现实需求的属性是功能,同时,满足使用者潜在需求的属性也是功能。

功能作为满足现实需求或潜在需求的属性,带有客观物质性和主观精神性两方面,这被称为功能的二重性。

功能与功能载体在概念上有分有合,麦尔斯（Lawrence D. Miles）在其专著《价值分析的方法》中创立价值工程时就提出:顾客购买物品时需要的是它的功能,而不是物品本身,物品只是功能的载体。只要功能相同,载体可以替代。这就是功能与其载体在概念上应有区分。但是,一种功能的实现不可能没有载体,所以功能与其载体又必须结合。在价值工程运作中,往往是某种功能与原来的载体分离了,经过创新方案与另一个载体结合起来,这被称为功能的载体替代。

在金融学中,"功能"并没有单独的权威的定义,《新帕尔格雷夫货币金融大辞典》没有关于"功能"的单独词条及解释。与

"功能"相关的解释来自默顿在 *The Global Financial System：A Functional Perspective* 中提出的"金融功能"，英文为"The primary function of any financial system is to facilitate the allocation and deployment of economic resources, both spatially and temporally, in an uncertain environment"，即：金融体系的基本功能是在不确定环境下，在时间和空间两个维度上促进经济资源的发展和配置。

综合分析，本书所界定的"功能"主要是指：事物或方法所发挥的有利作用；对象能够满足某种需求的一种属性；在不确定环境下合理配置经济资源。

具体到金融资产管理公司的功能，对其进行分层和分类。

（1）具体的功能，即对其他主体的有利作用。资产公司对经济金融体系中其他金融机构、实体企业、政府部门等参与主体起到有利作用。这些作用是较为具体的，是从被接受者的角度定义的，是这些参与主体受到的来自资产公司的益处。

（2）抽象的功能，即满足现实需求或潜在需求的属性。结合金融功能的含义，在既定时间和空间范围内金融体系的功能是既定的，其中资产公司具有或发挥的金融功能，具有一定的独特性。从资产公司主体角度出发，资产公司具有可以满足资源配置需求的金融属性。

（3）演进的功能，主要指功能的变迁。在金融体系中，研究金融功能与金融机构的关系。如对于《价值分析的方法》中的价值工程所言，功能与功能载体在概念上有分有合，即金融功能比金融机构更加稳定。资产公司过去和现在所具备的金融功能，也可能与资产公司作为金融功能的载体相分离，或者出现替代。同样，资产公司也可能作为其他金融功能的载体替代。

（二）金融资产管理公司的机构功能释义

金融资产管理公司的机构功能，属于一种实证性质的功能，属于一种"描述"性质的功能，是指金融资产管理公司因开展业务在实际运行中对相关主体产生的有益作用，及在金融经济系统满足资源配置需求的金融属性。金融资产管理公司的机构功能，力图回答"金融资产管理公司功能是什么"的问题，以"就事论事"的角度描述、解释、预测金融资产管理公司的实际作用。例如，金融资产管理公司收购处置不良信贷，对商业银行的有益作用，有助于我国国有银行改革和发展。或者，金融资产管理公司对国有企业的债转股，有助于国企改革和发展。因此，金融资产管理公司的机构功能，更侧重于研究金融资产管理公司作为非银行金融机构而存在的实际行为，更多地体现了金融资产管理公司实际行为对其他经济主体的实际作用。本书在第 2~6 章，共用 5 章内容系统地分析金融资产管理公司的机构功能。

（三）金融资产管理公司的股东功能释义

金融资产管理公司的股东功能，属于一种规范性质的功能，属于一种"应该"性质的功能，是指股东或实际控制人对金融资产管理公司开展的功能定位，以期望、命令、指示等作为传达，由此使得金融资产管理公司应该发生的行为。具体而言，财政部作为四家金融资产管理公司的股东，以及银监会作为四家金融资产管理公司的上级部门，都传达了国家对金融资产管理公司的功能定位，是一种具体的要求。例如，在 2017 年全国金融工作会议及党的十九大会议之后，国家对金融资产管理公司的要求转变为"回归不良资产主业、服务实体经济、防控金融风险"，由此导致金融资产管理公司被银监会、财政部要求功能定位为"回归不良资产主业、规范多元化子公司、服务实体经济"。但是，这些要求或是功能定位能否达到、实现，还需要机构功能的配合。本书在第7~8章，共用两章内容系统地分析金融资产管理公司的股东功能。

四 研究对象、方法和内容

（一）研究对象

本书研究对象为我国的四大金融资产管理公司，即由《金融资产管理公司条例》调整的四家金融资产管理公司，分别为中国华融资产公司、中国长城资产管理公司、中国东方资产管理公司、中国信达资产管理公司，该条例对股份制改革后的四家金融资产管理公司依然适用。

本书所称的"资产公司"主要是指四大金融资产管理公司，不包括地方资产管理公司，或其他不接受银保监会监管的资产管理公司。

（二）研究方法

（1）文献法。针对金融资产管理公司的功能研究，借助网络、图书馆、专业数据库等，检索查阅梳理有关历史资料及学术文献，把握资产公司相关理论研究和应用研究的历史脉络，为下一步研究做准备。

（2）比较分析法。将资产公司与商业银行、证券公司、保险公司等其他金融机构做比较，按功能研究进行对比分析，寻找它们的共同点和差异点，并对比分析资产公司与银行、证券、保险等其他金融机构的功能差异。

（3）实证分析法。研究资产公司的功能"是什么"，具有什么特征，以及说明资产公司功能在何种条件下会发生什么样的变化，产生什么样的结果。

（4）现代数学法。基于一定的假设研究前提，通过数学形式的逻辑推理，为资产公司与其他市场主体之间的互动联系给出严格的数学结论，并考察该结论与资产公司实际情况的差异，并扩展假设前提分析资产公司的功能。

（5）案例分析法。以实际运行中的资产公司为案例，对此案例进行剖析并得出有关的结论，本书以中国长城资产管理公司为案例，并研究其不同时期的金融功能、其金融功能变化背后的动因，以及未来定位。

（三）研究内容

基于对"功能"的研究及界定，针对金融资产管理公司的功能，本书研究内容主要包括以下几个方面。一是资产公司在经济金融体系中对其他金融机构、实体企业、政府部门等经济主体的有利作用。二是归纳资产公司功能，主要是指资产公司所具有的金融功能，即资产公司满足经济资源配置需求的金融属性。三是资产公司对其他经济主体发挥有利作用，以及从交易成本角度探寻资产公司具备金融功能的内在原因。四是从比较的角度，研究资产公司与其他金融组织的功能差异。五是分析哪些因素及其如何影响资产公司的功能演进，这里以中国长城资产管理公司为例。六是从股东及实际控制人角度出发，分析资产公司被定位的功能，以及相关的保障机制。

  本书具体围绕资产公司金融功能的系统性研究展开，包括资产公司金融功能的三个层次、内在原因、功能比较、历史演进等。第一章是导论，界定功能的内涵，评述资产公司转型发展文献；第二章是基于微观市场视角的资产公司功能研究，通过理论模型和历史事实，分析资产公司对银行、实体企业及政府的有利作用；第三章是基于金融功能观视角的资产公司功能研究，分析资产公司系统性风险处置、存量资产盘活、资产管理、融合创新、综合金融服务等功能；第四章是基于新制度经济学视角的资产公司功能研究，基于交易成本经济学分析框架，分析资产公司制度运行的内在动因及其受制度安排的影响；第五章是资产公司在金融组织体系中的功能比较；第六章是资产公司在金融组织体系中的功能演进：以中国长城资产管理公司为例；第七章、第八章是研究资产公司被股东或是实际控制人定位的功能，以及相关的保障机制；第九章是结合前面的研究和分析，对如何继续发挥资产公司的金融功能给出若干结论和政策建议。

第二章 金融资产管理公司的功能研究：基于微观市场视角

本章从微观市场角度，考察资产公司对其他经济主体的微观作用。这里所谓的作用，是指从资产公司作用对象的角度，研究资产公司对经济金融体系中经济参与者的有利作用，是资产公司发挥功能的具体表现。

金融市场微观结构理论是现代金融学中一个重要的新兴分支。该理论产生于20世纪60年代末，真正发展于20世纪80~90年代，至今依然方兴未艾。金融市场微观结构理论以微观经济学中的价格理论和厂商理论作为思想渊源，而在对核心问题——金融资产交易及其价格形成过程和原因的分析中，则用到了一般均衡、局部均衡、博弈论、信息经济学等多种理论与方法。一般认为，金融市场微观结构理论的核心是说明在既定的市场微观结构下，金融资产的定价过程及其结果，从而揭示市场微观结构在金融资产价格形成过程中的作用。这里借助微观结构理论的研究思路，在讨论不良资产价格形成的基础上，研究资产公司如何对银行、实体企业等市场参与者发挥具体作用。

本章安排如下。首先，通过归纳分析已有的研究文献，研究其他各类经济主体受到资产公司影响的内在机理。其次，建立一个微观经济模型，从理论上刻画资产公司对其他各类经济主体的具体作用。最后，研究资产公司从1999年成立以来，在实践中已经发生的有益作用，通过归纳的方式，抽象出资产公司在微观层次上对其他金融机构、实体企业、政府等经济参与主体的有益作用。

一 金融资产管理公司与其他市场主体相互作用的内在机理

在实际经济运行中，资产公司与银行、信托、券商等金融机构，以及实体企业、政府等经济参与主体之间存在相互作用。作为商业经济主体，资产公司属于独立核算、自负盈亏的经营企业，与其他金融机构、实体企业之间发生相互作用的商业行为。同时，四大资产公司作为财政部控股的中央金融企业，受到政府目标及政策意图影响较大，天然地与政府存在紧密互动。作为不良资产市场的监管者及政策制定者，银监会、地方政府等主体也较大地影响着资产公司的经营行为。但是，从理论上系统地研究资产公司与其他经济参与主体之间相互作用的成果不多，有必要提供一个较为统一的分析框架，刻画并研究资产公司在微观市场中与其他各主体之间的相互作用。

资产公司的诞生与银行危机密切相关。解决银行危机的方法之一是成立"坏银行"，即资产公司。20世纪80年代末到90年代初，针对储蓄和贷款机构不良资产，美国于1989年专门成立重组信托公司（Resolution Trust Corporation，RTC），采取迫使经营不下去的银行破产拍卖资产的"休克疗法"，6年时间共处置不良资产

4000多亿美元，为解决美国储贷机构危机做出巨大贡献，显示出资产公司的独特重要性。此后，欧洲国家也借鉴资产公司模式处置不良资产。法国为处理里昂信贷银行的危机，专门成立了一家公共融资与整顿公司，并在政府信用的支持下从里昂信贷银行贷款1450亿法郎，用于支持另一专门机构（"资产转移公司"）收购里昂信贷银行的高风险资产。同样，瑞典、丹麦、芬兰等欧洲国家也较多地采用资产管理公司或专门机构处理银行业体系的不良资产。在亚洲金融危机爆发之后，亚洲国家为应对危机，也纷纷成立资产公司或专门机构处置银行不良资产。比如，日本采取"清盘回收银行和过渡银行"方式，马来西亚于1998年成立马来西亚国家资产管理公司，韩国设立资产管理公司（KAMCO）及泰国组建金融重组局等。此外，转轨经济国家也采用专门机构的形式处理不良资产。例如，匈牙利为应对银行业危机成立了一个专门的国有机构，由它购买全部商业银行大约50%的呆账；捷克的"清算银行"在1991～1994年共计处理了2260亿捷克克朗的银行不良资产，这相当于1993年捷克GDP的122%。由此可见，资产公司与银行不良资产密切关联，资产公司在各国实践中也得到了长足发展。因此，对于资产公司这一处置不良资产、化解金融风险的特殊工具，需要一个系统性理论来刻画它在经济市场中的内在运行逻辑。

资产公司模式是处置银行不良资产的重要模式。麦肯锡在2009年的一份报告中详细地研究了四种处置银行不良资产模式。在资产负债表担保（On-Balance-Sheet Guarantee）模式下，通过政府担保增信等手段，银行保护部分资产。在内部重组单元（Internal Restructuring Unit）模式下，银行设立一个独立的组织单位，专门负责不良资产处置，但是不良资产依然在银行资产负债表内。在特殊目的组织（Special-Purpose Entity，SPE）模式下，银行将不良资产转移到另一个具有处置功能的 SPE 中，通常 SPE 必须获得政府的强力支持，需要政府的积极参与。最后是资产公司模式，银行将不良资产转移到具有独立法人地位的资产公司，将不良资产从原有银行的资产负债表中剥离。资产公司模式是处置银行不良资产是最彻底、最有效的模式。在资产公司模式下，资产公司将不良资产从银行的资产负债表中转移，最大限度地保证了银行转移风险，增加了银行的战略弹性，有助于银行引进新的外部投资者，也有助于银行业的并购重组等。

围绕着资产公司模式，从不良资产供给角度看，存在多种因素影响银行出售不良资产决策，也涉及解决银行不良资产的各种模式。Aghion、Bolton 和 Fries（1999）建立了一个理论模型，指出了规制对银行出售不良资产的影响。Corbett 和 Mitchell（2000）研究了银行接受救助计划带来的声誉影响。Ulrike Neyer 和 Thomas Vieten 在论文中讨论了银行与资产公司之间交易不良资产的买断（Outright Purchase）与回购（Repurchase）的差异及其带来社会效益的不同。在实际操作中，银行在处置不良资产时还会考虑，不良资产暴露及处置对其信用评级、外部融资、股价等的影响，也会受到监管政策、股东考核、经理人代理成本等约束。

作为国际通行的不良资产处置主体，资产公司收购不良资产，受到融资成本、资产定价等多种因素影响。程凤朝（2003）较早地详细介绍了金融不良资产评估。王建军、徐伟宣、张勇（2007）在不良资产收购处置模型中，引入 Beta-PERT 分布拟合不良资产处置价格的概率分布，并以此作为收购单项不良资产的定价决策依据。资产公司收购不良资产的价值最大化目标或政策性化解危机，收购不良资产形成的土地、房产、股权、债权等资产的流动性、增值性，以及政府是否提供税收、融资等支持，都会在不同时期不同程度地影响资产公司的收购决策。

资产处置及其衍生出的企业再生，对资产公司收购不良资产也具有重大影响。因为收购不良资产而形成的资产，处置方式是非常多元的，主要包括清收、债务重组、债转股、追加投资等。其中，债务重组、债转股、追加投资等方式，与不良资产相关的企业再生关系密切。尤其是在债务重组中，资产公司成为资金供给者，融资企业成为资金需求者，并形成新的资金供求均衡价格，这会传导影响资产公司收购不良资产的定价行为。日本和韩国资产管理公司注重企业再生，通过债务重组、追加投资等方式促进企业健康发展。中国四家资产管理公司主要通过债务重组、债转股等方式，满足企业融资需求。

资产公司收购非金融机构不良资产，更加重视企业的价值。为缓解企业债务负担，盘活社会存量资产，防范和化解商业风险及金融风险，四家资产公司于2015年6月正式获批开展非金融机构不良资产业务，主要是收购非金融机构所有的债权类、股权类、实物类不良资产。[①] 在开展非金业务中，资产公司与实体企业之间直接发生了联系，非金不良资产的交易直接由资产公司和实体企业共同决定，而资产公司必将更加关注实体企业的资产价值。

政府因素也是影响不良资产交易和处置市场的重要因素。Mitchell（2001）分析了不同政策对银行向资产公司出售不良资产行为的影响。根据麦肯锡2009年的报告，采取"资产公司模式"

---

① 参见《金融资产管理公司开展非金融机构不良资产业务管理办法》（财金〔2015〕56号）。

处置银行不良资产，操作的复杂性和成本都很高，不仅需要完全独立的资产公司、独立的银行处置不良资产机构及 IT 系统，还需要与之相配套的基础设施，包括相应的法律安排和监管政策。同时，在与不良资产交易相关的资产评估、交易机制、会计准则等方面，也需要政府发挥作用。从国际经验看，政府不仅是不良资产市场的管理者，也可以成为资产公司及银行等经济参与主体的所有者，因此政府对资产公司的影响是深刻的。

二 金融资产管理公司在微观市场中的具体作用：一个简单的两部门模型

本节通过建立一个简单的微观经济模型，描述资产公司在微观市场中的运行过程，刻画资产公司与银行之间的金融交易。一方面，此微观市场是条件严格限制的不良资产交易市场，其中的不良资产主要是指不良信贷资产，参与主体限定为银行和资产公司。另一方面，在微观经济模型的基础上，分析资产公司对银行发生作用的具体机制。

（一）微观市场的相关说明

这里主要研究不良资产交易市场中银行受到资产公司的具体作用。下面需要对不良资产、不良资产交易市场、银行及其他参与主体等，做一个简要说明。

选择以不良信贷资产为研究对象，具有代表性意义。由于资产公司在成立时期的主要任务是接受并处置国有银行剥离的不良信贷资产，随后经过十几年的发展，其主要业务依然是收购并处置不良资产，其中以不良信贷资产为主。可以说，不良信贷资产收购是资产公司（或资产公司的母公司）的主要业务。同时，资产公司收购的信托计划及资产管理计划项下的不良资产，与银行的不良信贷资产本质上是同质的。所以，这里不良资产主要是指不良信贷资产。

银行是资产公司收购的不良资产的主要供给者。在不良资产交易市场中，主要参与者为商业银行和资产公司，前者出售不良资产，是不良资产供给者，后者收购不良资产，是获得金融许可牌照的不良资产需求者。虽然证券公司、信托公司等金融机构也出售不良资产，尤其是具有固定收益的不良资产，但是由于银行是出售不良贷款的主体，同时具有典型性，这里暂时以银行为分析对象。

在实际的不良资产交易中，会涉及其他相关主体，包括实体企业、政府等。在这个简单模型中，主要研究资产公司对银行的作用，暂时不讨论与不良资产相关的实体企业、政府等其他主体。

为了方便研究，这里限定不良资产交易市场是完全竞争市场，即银行是不良资产出售价格的接受者，资产公司是不良资产收购价格的接受者，市场存在一个均衡的不良资产交易价格。

（二）不良资产出售决策

考虑一个典型银行是否出售不良资产的决策行为。这里不良资产暂指按五级分类的银行不良贷款。银行是不良资产交易市场的供给者，银行资产负债表中存在不良资产，银行家有权决定是否出售不良资产，银行家效用由银行价值及个人收益决定。银行家通过比较效用，决定是否出售不良资产。

1. 不出售不良资产的情形

在不出售不良资产的情况下,不良资产依然在银行资产负债表内,银行既承担不良资产的可能损失,也获得不良资产带来的可能收益。设银行资产负债表中有不良资产 K,资金来源是存款 D 及权益资本 V。这里不考虑损失准备金,银行资产负债平衡表为: $K = D + V$。受到资本充足率约束,银行必须考虑是否出售不良资产,减少资本占用,以满足最低的资本充足率要求。由于受外部环境限制,银行不能增加资本。同时,受到资本充足率约束,银行也不可以再继续发放贷款。

银行不出售不良资产行为,大致分为两个阶段,$t = 0,1$。在 $t = 0$ 时,银行家决定不出售不良资产,此时资产负债表平衡为: $K = D + V$。银行受到资本充足率约束,即 $V = \gamma K$,γ 为资本充足率系数,$0 < \gamma < 1$。在 $t = 1$ 时,银行承担不出售不良资产的结果。不良资产价值变为随机变量 K_1,并存在概率分布,$P(K_1 = Y) = \theta$,$P(K_1 = 0) = 1 - \theta$,$Y > 0$,$0 < \theta < 1$。不考虑存款保险价值,简化忽略存款收益率,存款 D 不变,银行权益价值受到不良资产价值影响变为随机变量 V_1,此时资产负债表平衡为: $K_1 = D + V_1$(见表 2 - 1)。

表 2 - 1 在不出售不良资产情形下银行的资产负债

资产	负债及权益	资产	负债及权益
不良资产 K	存款 D 权益 V	新增贷款 K_1	存款 D 权益 V_1
$t = 0$		$t = 1$	

银行家有权决定是否出售不良资产,银行家效用函数设定为风险中性。在不出售不良资产情况下,银行可能获得不良资产带来的

增值收益，也可能承担其进一步的损失。银行家效用由银行在 $t=1$ 时的权益 V_1 及其个人收益 B 决定。银行家个人收益受到银行破产可能性、资产经营、工作岗位等多种因素影响。银行家效用函数为 $U=E(V_1)+B\times F_1$。其中，$E(V_1)$ 和 $B\times F_1$ 分别为在 $t=1$ 时的银行权益期望价值和银行家个人收益期望价值，F_1 为银行家个人收益 B 的伴随概率。F_1 服从条件函数，在银行价值 V_1 确定时为 1，否则为 0。在不出售不良资产的情形下，银行家效用函数为：$U=\theta(Y-D+B)+(1-\theta)\times 0$。

2. 出售不良资产的情形

在出售不良资产的情况下，不良资产从银行资产负债表转移，银行既不会获得不良资产带来的可能收益，也不会承担不良资产的可能损失。同时，银行将出售不良资产获得的资金，再投资于无风险国债，并节约了银行资本占用，可以再发放风险较小的贷款。

在 $t=0$ 时，银行家决定出售不良资产，不良资产从银行资产负债表中完全转移，其转移价值为 Z。银行不再承受不良资产潜在损失，也不享受不良资产潜在增值。银行出售不良资产获得资金，可以投资安全的政府债券。由于政府债券不占用资本，银行还可以继续投放新增贷款 L，其风险低于原有不良资产风险。新增贷款 L 是在满足资本充足率约束下的最大可增贷款。银行资金来源是存款 D_S 及权益资本 V_S，银行资产负债表平衡为 $Z+L=D_S+V_S$。其中，由于银行不能获得新的资本，也不能出售国债，必须通过新的存款来支持发放贷款，因此，$D_S=D+L$。转移价值 Z，满足条件 $D<Z<D_S$，意味着银行出售不良资产不会导致银行破产，同时出售之后的银行存款用于投资国债和新增贷款。在 $t=1$ 时，银行新增贷款价值为 L_1，L_1 为随机变量，其价值存在概率分布，$P(L_1=\alpha L)=\theta_1$，

$P(L_1 = 其他) = 1 - \theta_1$，其中 $0 < \theta_1 < 1$，$\theta_1 > \theta$ 表示新增贷款风险小于原有不良资产风险。银行存款 D_S 不变，权益资本价值变为 V_{S1}，银行资产负债表平衡为 $Z + L_1 = D_S + V_{S1}$（见表 2-2）。

表 2-2 在出售不良资产情形下银行的资产负债

资产	负债及权益	资产	负债及权益
交易价值 Z 新增贷款 L	存款 D_S 权益 V_S	交易价值 Z 新增贷款 L_1	存款 D_S 权益 V_{S1}
$t=0$		$t=1$	

银行家是风险中性的，出售不良资产降低了不良资产潜在收益，但也获得新收益，比如资本释放、新增贷款收益等。在 $t=1$ 时，银行权益为 $V_{S1} = Z + L_1 - D_S$，银行家效用函数 $U_1 = E(V_{S1}) + B \times F_1$，由银行权益的期望值及其个人收益期望值决定。其中，$E(V_{S1})$ 为银行出售不良资产在 $t=1$ 时的期望价值，银行家个人收益 B 的伴随概率 F_1 服从条件函数，在银行价值 V_{S1} 确定时为1，否则为0。在出售不良资产的情形下，银行家效用函数为：$U_1 = \theta_1(Z + \alpha L + B - D_S) + (1 - \theta_1) \times 0$。

3. 不良资产最优交易价值

银行家通过效用比较，决定是否出售不良资产。在不出售不良资产的情形下，银行家效用函数为：$U = \theta(Y - D + B) + (1 - \theta) \times 0$；在出售不良资产的情形下，银行家效用函数为：$U_1 = \theta_1(Z + \alpha L + B - D_S) + (1 - \theta_1) \times 0$。银行家决定出售不良资产的条件为 $U_1 \geq U$。存在一个均衡的不良资产交易价值：

$$Z^* = \frac{\gamma\theta Y - \gamma(\theta_1 - \theta)B + (\theta_1 + \alpha\theta_1 - \gamma\theta_1 - \gamma\theta)D}{\theta_1(\alpha + \gamma - 1)}$$

如果 $Z \geqslant Z^*$，银行家从出售不良资产中获得的效用更大，愿意出售不良资产给金融资产管理公司。一方面，出售不良资产可以避免银行破产，维持银行家现有的工作岗位，从而获得较好的个人收益。另一方面，出售不良资产可以释放银行资本，并从新增信贷中增加银行价值。如果 $Z < Z^*$，银行家出售不良资产带来的效用较小，说明银行家从出售不良资产中获得收益小，进而选择不出售不良资产给金融资产管理公司。银行家不出售不良资产，可能获得不良资产潜在的增值。总体上，银行家是否出售不良资产，主要在于，不良资产交易价值 Z 是否可以给银行家提供足够大的效用。

(三) 不良资产收购决策

考虑一个典型资产公司是否收购不良资产的决策行为。资产公司是不良资产交易市场的需求者，是否收购银行出售的不良资产，受到成本收益条件约束。

1. 资产公司技术设定

资产公司被设定为不良资产收购者，受到项目净利润条件约束。如果不良资产收购成本低于资产预期回报，可以获得正的净利润，则实施收购。否则，放弃收购。不良资产收购定价主要受到不良资产预期回收价值，即资产公司处置不良资产回报的影响。收购银行不良资产的投资收益率，也是影响资产公司收购不良资产定价的关键因素。不良资产收购定价也受到资产公司内部管理成本的影响。在具体收购交易中，价格形成机制、交易对手情况、竞争策略、交易结构、处置资源等因素也会影响到不良资产收购价格。

2. 不良资产收购与处置

资产公司收购不良资产的交易价格为 P，其收购成本 C 还受到收购资金的投资收益率 I 及公司费用率 φ 影响。资产公司收购不良资产成本为：

$$C = P(1 + I + \varphi + \varepsilon)$$

其中，ε 为影响收购成本的其他因素，包括价格形成机制、交易对手情况、竞争策略、交易结构等。

资产公司处置不良资产的预期收益 E，也受税率 τ 的影响。不良资产处置收益还受到潜在投资者情况、资产市场价格行情、处置时机等因素影响。

3. 不良资产收购定价

资产公司决策者是风险中性的，其效用函数 $U = E[E(1-\tau) - C]$，不考虑个人收益。资产公司收购不良资产的条件为 $E[E(1-\tau) - C] \geq 0$，存在一个均衡的不良资产收购价格：$P^* = \dfrac{E(1-\tau)}{1 + I + \varphi + \varepsilon}$。当收购价格 $P \leq P^*$，资产公司盈利，实施收购。否则，不实施收购。

（四）不良资产交易市场均衡

不良资产交易市场的参与者是供给者银行和收购者资产公司，它们达成交易的条件是，收购价格高于等于出售价格。即，资产公司收购不良资产定价 P 高于等于银行出售不良资产交易价值 Z。根据银行和资产公司的最优决策，不良资产交易市场的均衡价格为 $P^* = Z^*$。

如果 $P^* \geq Z^*$，达成不良资产交易，不良资产市场处于均衡状态。一方面，银行家从出售不良资产中获得的效用更大，愿意出售不良资产给资产公司，以此提升银行权益价值和个人收益。另一方面，资产公司也会在此收购中获利，收购不良资产的期望收益高于收购成本。

如果 $P^* < Z^*$，达不成不良资产交易，不良资产市场处于非均衡状态。一方面，银行家以低于最优交易价值 Z^* 的价格出售不良资产，降低了自身效用，从而不会出售不良资产。另一方面，资产公司以高于最优不良资产收购定价 P^* 的价格收购不良资产，会出现公司利润受损，从而不会收购不良资产。在实践中，也常常存在银行与资产公司因为不良资产交易价格达不成交易，为数不少的不良资产难以出售。周礼耀在 2016 年接受腾讯财经专访时表示[1]，最近一轮不良资产的收购与处置存在三个问题，即卖方与买方的价格差、金融与实体的资金差、收购与处置的时间差。其中，价格差是指出售方银行基于现实估值的资产价格，与买方资产公司基于经营处置成本及时间成本等综合效益得出的市场价格之间的差异性；按照经验判断，这一价格差在 30% 左右，导致不良资产收购难、收购贵的客观现实。

由此可见，在一个完全竞争的不良资产交易市场中，市场均衡条件是银行不良资产出售价格不高于资产公司收购价格。如果银行不良资产出售价格高于资产公司收购价格，那么不良资产交易市场处于非均衡状态，银行不会出售不良资产，资产公司也不会收购不良资产。因此，在完全竞争市场环境下，不良资产交易市场均衡是资产公司发挥金融功能的前提和基础。同时，如何破解不良资产交易中的价格差，也是一项值得研究的课题。

---

[1] 参见《专访长城资产副总裁周礼耀：不良处置"匠人"的机遇与挑战》，腾讯财经，2016 年 6 月 11 日。

(五) 金融资产管理公司对银行的具体作用

在不良资产交易市场模型中,在市场均衡状态下,研究资产公司对银行的具体作用。在不良资产供给方和需求方达成交易的情况下,资产公司通过不良资产收购,发挥对银行效率改进的具体作用。

1. 资产公司的不良资产收购作用

在银行和资产公司最优决策约束下,不良资产交易市场的均衡价格为 $P^* = Z^*$。当 $P^* \geq Z^*$ 时,即资产公司不良资产最优收购价格不低于银行不良资产最优出售价格时,银行和资产公司双方达成不良资产交易,不良资产市场处于均衡状态。

从不良资产需求角度看,资产公司具有收购功能。在不良资产交易市场均衡状态下,资产公司以市场均衡价格 P^* 收购银行出售的不良资产是有利可图的,完成了不良资产从银行资产负债表的转出,实现了资产公司自身的收购功能。

资产公司不良资产收购定价 P 与其不良资产处置价值 E 是紧密关联的。由于不良资产的处置方式丰富,这里令不良资产处置市场的均衡价值为 E^*,与不良资产收购均衡价格 P^* 相对应。不良资产处置市场是资产公司收购不良资产的基础,是不良资产交易市场的前提。因此,在不良资产交易市场和处置市场都达到均衡状态下,资产公司也就实现了不良资产处置功能。

2. 资产公司对银行的效率改进作用

在不良资产交易市场中,当 $Z^* \leq P \leq P^*$ 时,资产公司有动力收购银行不良资产。银行家有激励出售不良资产 Z,不仅可以获得职位等个人收益 B,还可以提升银行权益价值 V_{S1}。出售不良资产 Z

之后，银行可以释放资本，新增风险更小的贷款 L，优化银行资产结构，提升银行权益价值 $E(V_{s1})$。通过收购不良资产 Z，银行的经营效率得到提升，破产风险得到下降。

从不良资产出售角度看，资产公司的存在使得银行出售不良资产成功，改进了银行效率。在不良资产交易均衡市场中，银行出售不良资产和资产公司收购不良资产是互为实现的，不良资产出售和收购是市场的两面。在不良资产交易市场中，资产公司帮助银行改进效率，主要表现为银行资本释放，提高资本充足率，促进银行新增低风险的贷款，优化银行资产结构，提高银行资产质量，进而提升了银行权益价值。

（六）对简单模型的小结

在理想状态下的不良资产交易市场中，资产公司和银行有可能就不良资产的交易达成均衡状态。从供给角度看，当不良资产的交易价值 $Z \geqslant Z^*$ 时，银行家具有出售不良资产的激励。从需求角度看，当不良资产收购价格 $P \leqslant P^*$ 时，资产公司收购不良资产可以盈利，具有收购激励。因此，当 $Z^* \leqslant$ 不良资产交易价值 $Z =$ 收购价格 $P \leqslant P^*$ 时，在完全竞争的不良资产交易市场中，资产公司实施不良资产收购，发挥了具体作用。

但是，这里研究资产公司对银行的作用，受到两个条件约束。一方面，不良资产交易市场是完全竞争的市场，银行和资产公司是市场价格的接受者，银行出售不良资产的交易价值 Z 和资产公司收购价格 P 都是最优价格。另一方面，资产公司发挥具体功能的前提是，不良资产交易市场处于均衡状态，否则，资产公司不会收购不良资产，也就无从发挥具体功能。

三 金融资产管理公司在微观市场中的具体作用：基于简单模型的拓展

在完全竞争的不良资产交易市场模型基础上，引入一些现实因素进行拓展。一方面，考虑银行破产情况下资产公司对银行的托管作用。另一方面，研究与不良资产处置相关的实体企业及政府受到资产公司的具体作用。

（一）拓展一：资产公司对银行的托管与救助作用

1. 资产公司对银行的托管作用

考虑银行破产情况，这属于不良资产交易市场中特殊情况之一。银行处于破产状态下，银行家个人收益 B 为 0，银行家效用函数为 $U=E(V_1)$，银行权益价值 $E(V_1) \leq 0$，即 $\theta(Y-D) \leq 0$。在破产情况下，银行决策分为两种情况，即出售银行资产回购现金，委托第三方托管处置。在委托处置情况下，资产公司作为受托人，受托处置破产银行，获得表外的中间收入，发挥银行托管功能。

银行出售资产，和与其伴随的存款保护条件有关。根据对存款的保护程度，破产银行的清偿责任可以分为部分清偿和全额清偿。在部分清偿情况下，银行破产后的期望存款 $E(D)=E(K_1)=\theta Y$，$\theta Y \leq D$，满足 $\theta(Y-D) \leq 0$ 这一约束条件。银行处置不良资产的最终价值为支付存款限额，收购不良资产并不附带全部清偿存款损失责任，其余存款损失不由资产公司负担，则资产公司在最优情况下以均衡价格 P^* 收购不良资产，发挥收购处置功能。

在全额清偿情况下，要求资产公司对不良资产 K_1 的收购价格 $P \geqslant D$，即 $D \leqslant P \leqslant P^* = E(1-\tau)/(1+I+\varphi+\varepsilon) \leqslant E$。而破产银行的不良资产预期价值为 Y，受到条件 $Y \leqslant D$ 约束。在当期情况下，不良资产预期价值 $Y = E$，不良资产交易市场难以达成均衡，必须存在第三方支持，比如政府或者是存款保险公司等。

2. 资产公司对问题银行的救助作用

银行危机是金融危机的重要组成部分。银行在金融体系中具有重要位置，具有较强的外部性。一旦金融危机爆发，银行倒闭或出现问题，必将带来巨大的经济金融风险。无论是美国历次金融危机，还是亚洲金融危机，问题银行都是金融危机爆发中的重要现象。

在完全竞争的不良资产交易市场中，问题银行属于非均衡状态。在非均衡状态下，不良资产市场难以达成交易。资产公司收购不良资产的价格 P 可能低于出售价格 Z。并且在金融危机中资产公司处置资产的预期收益 E 大幅下降，也带动资产收购价格 P 下降。所以，资产公司救助问题银行，需要政府支持。正因为如此，资产公司才得以诞生。资产公司的诞生，与银行危机是密不可分的。

按照是否进入资产负债表，资产公司可以收购处置问题银行，也可以托管处置问题银行。在收购处置问题银行情况下，不良资产收购价格是关键，为救助问题银行，可能提高不良资产出售价格，将潜在损失转移到资产公司。同时，政府为资产公司提供低成本资金等补助措施。在托管处置问题银行情况下，资产公司按照委托人的目标，处理问题银行，包括出售资产、清收现金、关闭银行等。在非均衡状态下，尤其是在金融危机情况下，政府支持是资产公司实现问题银行救助功能的关键因素。

（二）拓展二：资产公司对实体企业的具体作用

在不良资产交易市场模型基础上，引入不良资产处置市场，从企业价值角度研究资产公司对实体企业的具体作用。根据不良资产处置类型，资产公司在企业融资、债务清收及破产企业托管等方面具有作用。

1. 资产公司对企业价值的提升作用

在均衡的不良资产交易市场中，资产公司收购不良资产的激励是预期处置不良资产可以获得更大的回报。债务重组、债转股及追加投融资是处置不良资产的重要方式，促使实体企业发展或新增资金来源，改进实体企业融资可得性，有助于提升企业内在价值。在不良资产处置市场中，资产公司成为资金供给者，企业成为新的资金需求者，新的市场达到均衡状态是不良资产交易市场达到均衡的基础，有利于发现并提升企业价值。

根据 Jorgenson（1963），企业投资的决定因素是企业的资本成本。设定企业面临的经济环境是，资本品供给完全弹性，调整资本存量无成本。企业利润函数为 $R = f(H, X) - cH$，X 为完全竞争环境企业的产品价格及其他投入品价格的向量，H 为资本存量，c 为资本价格。其中，$f_h > 0$，$f_{hh} < 0$，即随着资本边际增加企业的收益在增加，但是增加的速度在下降。企业决策的均衡状态下：$f_h(H, X) = c$，企业的资本存量调整直到资本的边际收益等于边际成本。所以，$df_h/dc = f_{hh}^* = 1$，则 $df_h/dc = 1/f_{hh}$，投资与资本成本呈负相关关系。

在不良资产处置市场中，由于资金的供求关系，资产公司与企业达成新的均衡市场。令资产公司预期收益率为 e，则 $e = c$。资产公司提供资金的预期收益率与企业的资本价格相等。资产公司通过收购不良资产，并采用债务重组等处置方式，使企业获得资金，并提供企业盈利及利润，提升了企业价值。

在非金融不良资产收购与处置中，资产公司通过收购企业应收账款等资产，为出售企业提供资金，也有助于提高企业融资可得性，并实现企业价值提升功能。在应收账款等非金融资产收购处置中，资产公司与企业是资金的供求双方，在均衡状态下企业的融资价格 c 与资产公司预期收益率 e 相同，不仅实现了资产公司的盈利，也实现了企业资金融通，促进企业价值提升。

2. 资产公司对企业存量资产的再配置作用

资产公司金融功能的发挥在于资产处置业务。现金回收是资产公司处置资产的常见手段，可以实现存量资产的再配置功能。在实物资产方面，资产公司拍卖房产、地产等实物资产，实现资金回收，促进了各类不动产的再配置。在债权方面，通过协议、法院等方式清收资金，使资金获得重新配置，加速经营不善企业的资源再配置。在股权方面，通过转让给企业股东、第三方投资者等方式，促进股权的再配置，实现产业整合发展等。

3. 破产情况下资产公司对企业的托管处置

针对破产企业，资产公司可以发挥委托管理作用。由于破产企业资不抵债，资产公司既可以作为资产收购人，购买破产企业的具体资产，也可以作为受托人，帮助股东处置破产企业。在收购资产的情况下，资产公司按照成本收益原则，实施收购和处置，这与前面的分析类似。在托管情况下，资产公司运用资产处置技术，提供资产托管处置的中间服务，不仅获得中间服务收入，还起到了对破产企业的托管处置作用。

4. 资产公司对问题企业的救助作用

在金融危机中，救助具有重要性问题的企业是各国通行的做法。在经济体系中，具有巨大外部性的企业出现了问题，必将造成实体经济受到重创，影响就业和经济增长。不管是在发达国家，还是在发展中国家，资产公司救助问题企业是普遍做法。

在不良资产处置市场中，以债务重组为例，资产公司与问题企业之间在经济危机中难以达成交易。由于经济危机导致预期下降，资产公司需要提高资金的风险溢价，而问题企业则难以获得资金。在资产公司和问题企业之间的资金市场衰退为非均衡状态时，需要引进政府干预，促使市场达到均衡。

按照是否进入资产负债表，资产公司可以收购处置问题企业，也可以托管处置问题企业。在收购处置情况下，资产公司通过收购相关企业的金融债权、应收账款等，成为问题企业的债权人，对问题企业进行重组。这里的收购价格，涉及问题企业、新增资金及债务重组方式等。如果在非均衡状态下，资产公司没有激励采取收购处置行动，就需要政府在资金、政策等方面提供支持。在托管处置情况下，资产公司按照问题企业的实际控制人要求，对问题企业实施重组、重整等，实现对问题企业的救助作用。

（三）讨论：资产公司对政府的具体作用

在实际运行中，资产公司与政府之间存在复杂的相互关系。一方面，在中国，主要的商业银行及资产公司的所有者是政府，资产公司的收购和处置资产行为受到政府干预的影响。另一方面，涉及不良资产的银行、实体企业及资产公司在特定时期，存在外部性，需要政府从社会资源配置的角度进行干预。因此，这里从所有者和外部性两个角度讨论资产公司对政府的有利作用。

从资产公司诞生的目标看，它就是政府设立的保全国有银行不良信贷资产的特殊装置。由于资产公司和国有银行都是国家所有的，国有银行的不良信贷资产也是国有资产，相当于通过政策性手段将国有的不良信贷资产划拨给资产公司，达到保全国有资产的目标。从不良资产交易市场角度看，此时的不良资产是按照账面价值划转给资产公司，参与其中的资产公司是国有独资主体，此时的不良资产交易市场是价格限定、主体限定的非竞争性市场。通过现金回收率考核等方法，资产公司发挥了对国有资产的保全作用。

从资产公司与政府关系看，它主要是通过改善银行和实体企业经营状况，降低金融体系风险，优化资源配置，进而达到政府维护金融稳定、促进经济发展的目标。无论是从经济外部性看，还是从资源优化配置看，资产公司在对银行和实体企业发生有利作用的基础上，自然地有助于完成政府的目标。

四　金融资产管理公司在微观市场中的具体作用：基于历史经验

毫无疑问，在理想状态下的不良资产交易市场模型中，资产公司对银行、实体企业及政府等其他经济参与主体都起到具体作用。但是，简单模型刻画的资产公司行为及其发生的作用，与现实情况存在一定差距。下面从历史经验的角度，归纳并总结资产公司对银行、实体企业及政府发生的具体作用。

（一）资产公司对银行及其他金融机构的具体作用

资产公司不仅对银行发生有利作用，也对信托公司、租赁公司、证券公司、保险公司等其他金融机构发生类似的有利作用。从项目角度看，资产公司已经涉足信托计划、租赁债权、券商资管计划、保险资管计划等债权类不良资产，与其他各类金融机构开展不良资产收购业务合作。但是，银行依然是资产公司的主要合作对象，这里继续围绕银行做分析。

1. 收购处置银行的不良资产

根据《金融资产管理公司条例》，四家资产公司成立之初的主要目的是接收和处置国有银行内部长期累积的不良资产，主要是指不良信贷资产。按照国务院安排，1999年以来资产公司收购并处置不良资产经历了三个重要的阶段，即1999年的第一次政策性剥离，2003年以来的改制银行剥离，2007年开始的商业化转型。在第一阶段，1999年四家资产公司共接收四大国有商业银行和国家开发银行剥离的政策性不良资产1.4万亿元。在第二阶段，2003年以来，为配合国有银行股份制改革，资产公司再次收购改制银行剥离的可疑类不良贷款8000多亿元，接收损失类不良资产4000多亿元。在不良资产收购之后的处置过程中，同时实施政策性债转股项目，涉及债权金额达2100多亿元。在第三阶段，自2007年商业化转型以来，在国家政策支持下，四家资产公司又先后收购各类不良资产超过1万亿元。截至2013年底，四家资产公司累计收购处置不良资产超过3.6万亿元。随着经济下行，资产公司累计收购的不良资产日益增多。

2. 支持国有商业银行改革发展

通过不良资产收购，资产公司极大地支持了我国国有银行的改革发展。自 1999 年成立以来，经过两次大规模不良资产的剥离，国有商业银行的不良资产率大幅降低，财务结构大为改善，经营负担极大减轻。据统计，第一次剥离后四大国有银行不良贷款率平均下降近 10 个百分点。在政策性时期，资产公司极大地支持了国有商业银行改革，为银行业改善资产负债表、抵御金融危机，做出了重大贡献。

通过不良资产收购，资产公司为我国国有银行改制和上市奠定了坚实基础。资产公司收购国有商业银行剥离的不良资产，推动了国有商业银行改制和上市，有助于国有银行建立科学有效的现代公司治理结构，增强风险防范意识。国有商业银行通过后续的财务重组和公开上市，建立健全了现代银行制度，提高了竞争力，并相继迈入世界先进银行前列。国有商业银行在短短几年内从高不良资产率、"技术上破产"的银行，华丽转身为公司治理健全、业绩优良的世界先进银行，是与四家资产公司做出的贡献分不开的。

3. 对商业银行的托管及并购重组

从理论上看，资产公司具有对商业银行托管及并购重组的作用。在实践中，四家资产公司之一的华融公司成功地组建了华融湘江银行。2009 年，中国华融资产管理公司接受湖南省人民政府委托，对株洲、湘潭、衡阳、岳阳、邵阳等地方控制的城市商业银行和信用社进行改制重组。面对这一历史机遇，华融公司运用资金优势和技术优势，不仅化解了先前城市商业银行和信用社的不良贷款风险，还在此基础上组建了全新的区域性商业银行——华融湘江银行。华融湘江银行的成功组建，不仅充实壮大了华融公司，也帮助了湖南地方政府化解金融风险、深化金融改革。此外，中国长城资产管理公司于 2015 年初完成了对德阳银行的控股，中国信贷资产管理股份有限公司于 2015 年完成了独资控股南洋商业银行，中国东方资产管理公司在 2015 年底 2016 年初完成控股债务缠身的大连银行。

（二）资产公司对实体企业的具体作用

1. 积极支持企业减负脱困

在政策性时期，四家资产公司通过债转股，积极支持国有企业减负脱困。按照国家有关要求，四家资产公司严格积极推进债转股工作，加强股权管理，寻求合适股权处置时机和方式。同时，对于不符合转股条件的企业，停止债转股，恢复债权处置。

四家资产公司承担了总规模达 4050 亿元的政策性债转股工作。政策性债转股股权处置回收率，超出了财政部设定的责任目标。此外，在商业性债转股方面，四家资产公司还对 50 余户企业实施了以资产重组和债务重组为内容的转股，金额近百亿元。

无论是政策性，还是商业性，资产公司通过债转股都为国有企业减负脱困做出巨大贡献。在资产负债率方面，资产公司通过债转股减轻了国有企业沉重的债务负担，使其资产负债率平均下降了 30~40 个百分点。在资金成本方面，通过债转股，使国有银行全面执行了停息政策，累计停息总额近 300 多亿元。在资产经营方面，资产公司使国有银行剥离了上百亿元非经营性资产和闲置资产，消除了数百亿元明亏潜亏，解决了潜在的资产不实问题。最后，资产公司督促和协助地方政府消化冗员，分流安置了数万名下岗职工。

2. 推进企业改革发展

资产公司通过多种资产处置方式，积极推进相关企业改革发展，有力地推动了社会经济发展。尤其是通过债转股、债务重组等方式，资产公司在企业的改革发展中发挥了积极作用。

一方面，通过采取债转股等措施，有力推进了企业的改革与发展。根据党中央、国务院关于加快国有经济战略性改组、促进国有企业扭亏脱困、推进现代企业制度改革的战略决策，资产公司细分企业类型及考虑实施债转股的可行性，针对发展有前途、产品有市场、由于负债过重而陷入困境的重点国有企业积极推进和深化债转股工作。通过实施债转股，资产公司有力地推动了国有企业改革发展，促使一大批国有企业建立起现代企业制度，并逐步走出经营困境。

另一方面，资产公司积极推动企业建立现代公司治理制度。资产公司通过债转股，明确出资人主体，实现股权多元化，将转股企业改组为有限责任公司或股份有限公司，建立了有效的现代公司治理制度。基于股东身份，资产公司依法行使股东权利，向转股企业派出数千人次董（监）事，有效完善企业法人治理结构和现代企业制度。

3. 帮助企业实施并购重组及资本运作

目前，四家资产公司都有证券公司，以不良资产处置为入口，采取债转股、股权投资等措施，逐步加大了对企业股权的投资及资本运作。资产公司采取非金收购、救助问题企业等手段，围绕企业股权开展的并购重组及 IPO、定向增发等业务收入比重逐步加大。这些不仅体现了资产公司对企业价值发现能力的提高，也说明资产公司对企业的有利作用是全方位的。

一方面，资产公司全方位地对企业实施并购重组。资产公司根据目标企业的资金、产业、产品、地域关联程度等要素，广泛地采用了投资银行重组、资本运营等业务手段，积极开展资产重组、产业重组、管理重组等，建立健全现代企业制度，增强了企业的技术开发能力，提高了企业的经营管理水平。华融公司通过资本、基金、券商等子公司，加强企业并购重组业务；长城公司的投资投行事业部会同长城国瑞证券，着力推动"大投行"业务板块，以不良资产为突破口，实施了"ST超日"等救助重整项目，打造投行品牌。同时，资产公司积极开展企业之间的区域性重组，加强了企业之间在产品购销、资金结算、财务往来、技术交流等方面的协作，进一步完善了企业的价值链条，提高了企业的经营效率。

另一方面，资产公司推进企业改制上市并开展资本运作。资产公司先后成功推荐数十家大型国有企业改制上市，如招商银行、酒钢宏兴、太行股份的发行上市，促进ST渝钛白恢复上市交易，积极协助中石油、中石化、中铝股份在境内外上市等，为转股企业变成公众公司、加强资本运作、与资本市场接轨奠定了良好的基础。目前，我国处于建设多层次资本市场过程中，资产公司通过下属的证券公司、基金公司，利用定向增发、债转股等金融技术，积极进入资本市场，开展与企业股权相关的金融业务。

（三）资产公司对政府的具体作用

资产公司在微观市场中直接对银行、实体企业发生有利作用，并在此基础上实现政府的经济目标。总体上，资产公司对政府的有利作用，主要体现在三个方面，即国有资产保全、防范和化解系统性风险、经济增长及促进就业。

一是资产公司保全了国有金融资产，最大限度地减少了国家损失。

资产公司积极探索多种资产处置方式，努力实现资产回收价值最大化，保全国有金融资产。从政策性业务来看，截至2006年末，资产公司累计处置政策性不良资产1.21万亿元，累计回收现金2110亿元，较国家核定目标超收286亿元，完成财政部下达的责任目标任务，基本实现了处置成本最小化和回收价值最大化。资产公司的处置效率达到国际较高水平，即使与美国重组信托公司相比，也不逊色。

二是资产公司通过托管和救助危机银行及实体企业，有效化解了系统性风险。

对银行的危机处理是各国金融体系面临的一大难题。资产公司的诞生，就是为了接受并处置国有银行的不良资产，降低国有银行的财务成本，提高国有银行的资本充足率，化解银行体系风险。近年来，资产公司通过商业化收购等技术，扩大收购不良资产的范围，扩大到股份制银行、城市商业银行、农村信用社等其他各类金融机构，有效地防范和化解了金融风险。资产公司还积极参与大型实体企业集团的风险处理。四家资产公司以商业化收购业务为切入点，积极托管清算出现危机的大型实体企业集团，采用投资投行技术并购重组一些风险实体企业集团，有效化解了经济风险。

三是资产公司通过多种手段促进银行及实体企业发展，促进经济增长及提高就业。

在银行方面，资产公司通过收购银行的不良资产，降低了银行的不良贷款率，使其财务结构大为改善，减轻了银行的经营负担，增强了银行的竞争力。在实体企业方面，资产公司通过债务重组、债转股、上市推荐、证券承销等手段，改善企业经营状况，提高企业发展能力。同时，资产公司通过对实体企业进行资产重组，促进经济资源的合理流动，在有效化解金融风险的同时，减轻了实体企业债务负担，救活了一大批实体企业，推动了地方经济的稳定发展。最后，资产公司还在改善就业方面做出积极贡献。资产公司通过债转股，使得倒闭破产企业焕发生机，安置大量下岗失业人员。资产公司在资产处置过程中，维护企业职工的正当权益，促进维护社会稳定。

五 小结

借助金融市场微观结构理论的研究思路，在一个完全竞争的不良资产交易市场中，通过建立一个简单的两部门模型，研究资产公司如何对银行发挥具体作用。在两部门模型的基础上，拓展了资产公司对银行的托管作用，也通过不良资产处置市场，拓展了资产公司对实体企业的具体作用。在此基础上，讨论了资产公司与政府的内在联系，认为资产公司在实现自身经营目标的同时，也完成了政府在金融风险防范化解、经济增长及促进就业等方面的宏观目标。

从理论和历史经验看，资产公司对银行、实体企业及政府具有重要的有利作用。资产公司对银行、实体企业及政府的有利作用，是相互作用、密切相关的。无论是从微观市场看，还是从历史经验看，资产公司在金融经济体系中都发挥了重要的有利作用。

首先，资产公司通过收购、托管、救助等方式，直接支持银行改革发展。资产公司是银行不良资产的主要收购方，通过资产收购，为银行注入新的流动性，提高银行的资本充足率，改善银行的经营效率，支持国有银行改革发展。同时，资产公司还对问题银行实施托管和救助，有效地防范和化解了金融风险。

其次，资产公司通过各类资产处置手段，对实体企业发生积极的有利作用。在不良资产处置市场中，资产公司通过收购成为实体企业的债权、股权及资产所有人等，利用债转股、债务重组等技术，积极支持实体企业减负脱困，促进实体企业改革发展。围绕资本市场，资产公司通过资产重组、体制机制改革等手段，提高实体企业的经营效率，并帮助实体企业实施 IPO 及其他资本运作，实现金融资本和产业资本的融合发展。针对问题实体企业和危机实体企业，资产公司通过清算、托管及重组等投资投行技术，促进实体企业重生，化解经济社会危机。

最后，资产公司对银行和实体企业的有利作用，衍生出了资产公司对社会的有利作用，达到了政府所追求的目标。根据国家有关政策，资产公司收购国有银行不良资产，实现了国有资产的保全，最大化地回收了不良资产的现金。资产公司通过重组、托管等投资投行技术，托管处理问题银行及问题实体企业，有效地防范和化解了金融经济系统性风险。在实现经济增长方面，资产公司通过收购及处置等技术，改善了银行的资本效率，提高了实体企业的经营能力，从微观角度上促进了金融发展和经济增长，有助于提高社会就业率。

第三章 金融资产管理公司的功能研究：基于金融功能观视角

本章从金融功能观的角度，研究金融资产管理公司的金融功能，即研究资产公司满足经济资源配置需求的金融属性，主要包括金融经济体系对资产公司的需求，以及资产公司发挥相应金融功能的种类、形式、能力等。

一 金融功能观理论概述

金融功能观（Functional Perspective）是金融中介理论体系中，对金融机构或金融中介展开研究的一种分析方法。对金融机构或金融中介的研究存在两种分析方法，即金融机构观（Institutional Perspective）和金融功能观。其中，金融机构观认为现存的金融机构是给定的，公共政策的目标是帮助现有的金融机构生存及发展。金融功能观，也称金融机构功能观，是与金融机构观相对应的一种理论，则认为金融机构运作的金融功能是给定的，应该探索运作这些功能的最佳金融机构及其结构。

金融功能观理论的正式提出者是诺贝尔经济学奖获得者默顿。

在《全球金融体系：功能观的分析》(*The Global Financial System: A Functional Perspective*)中，默顿系统地总结了金融功能观理论，形成了完整的金融功能观分析框架。金融功能观理论的核心观点是：金融功能比金融机构更稳定，即在空间和时间上变化较小；金融机构的形式随着金融功能的变化而变化，即金融机构之间的创新和竞争最终会导致金融体系执行各项功能的效率更高。基于这些核心观点，金融功能观主要解决两个问题，金融体系行使哪些金融功能，时机、交易成本、技术发展等因素决定哪些金融机构可以更好地变化并更好地执行这些金融功能。

在金融功能观理论中，默顿对金融功能的研究属于金融体系功能这一最为宏观的研究范畴。金融体系的基本功能是，在不确定环境下，在时间和空间维度上，合理配置和发展经济资源。从宏观的角度看，金融体系的基本功能又可以进一步分为以下六个方面：提供商品及服务的交易支付系统，提供一种为企业集中资金的机制，提供经济资源在时间、空间及企业之间转移的途径，提供一种管理不确定性和控制风险的方法，提供价格信息帮助经济系统的不同部分做决策，提供一种解决信息不对称和激励问题的方法。这些金融功能是非常稳定的，比金融机构更加稳定。

近年来，金融功能观的相关理论取得了新发展。金融功能观不再局限于对金融体系宏观层面的金融功能的研究，拓展到金融系统中的组成部分，包括金融市场、金融机构及金融工具等。

在金融体系功能的研究方面，发展出很多不同观点。莱文（Levine，1997）认为金融体系的功能有促进风险改善、信息获取与资源配置、监控经理与加强企业控制、动员储蓄、促进交易等。艾伦和盖尔（Allen and Gale，2001）认为金融体系的功能，主要是风险分散、信息提供、企业监控等。吴晓求（2003）认为现代金融的核心功能是配置风险、转移风险和分散风险；金融的发展趋势是提升金融体系配置风险的功能，使风险流量化。白钦先（2003）指出金融功能主要包括资源配置功能、资金媒介功能、资产避险功能、产业结构调整功能、引导消费功能等，并认为金融功能具有客观性和稳定性。

在金融市场功能的研究方面，白钦先、徐沛（2003）指出股票市场的功能主要为促进风险的改善、信息收集、企业监控。谭加劲、高洁（2007）认为金融市场应具有四个方面功能：通过金融机构动员资本生产部门、风险管理和资源配置、信息生产和价格发现、监督和控制。部分文献研究了货币市场、衍生产品市场、国债市场等不同金融市场的功能，此处不做赘述。

在金融机构功能的研究方面，王元凯（2015）认为金融资产管理公司发挥了不良资产处置、问题机构救助、防范和化解系统性风险、存量资产盘活等金融功能。何自云（2002）指出管理金融风险是商业银行的核心功能，而支付中介、信用创造、金融服务等功能都只是附属功能。李迅雷、李明亮（2014）从功能定位角度提出投资银行的资源配置功能、财富中介功能、市场组织功能和流动性提供功能。

在具体的金融工具功能方面，中国保监会武汉保监办课题组（2003）在《对保险功能的再认识》中指出，现代保险具有保障、资金融通、社会管理三大功能。其中，保障功能主要体现在分散风险、经济补偿或给付、促进社会安定等方面；资金融通功能主要体现在资金积聚和资金运用方面；社会管理功能主要体现在发挥社会稳定器作用、参与社会风险管理、保障交易启动消费、优化金融配置、减少社会成员之间的经济纠纷、补充和完善社会保障制度等方面。

二 金融资产管理公司的基本金融功能

从金融机构角度看,在金融组织体系中,资产公司具有满足我国金融体系和经济发展需求的内在属性,即资产公司具有一定的金融功能。资产公司具备的金融功能,又可以分为两类:一类是基本金融功能,另一类是在前者基础上发展演变而来的金融功能。

(一) 金融风险处置功能

根据《金融资产管理公司条例》及相关规定,资产公司是收购并处置其他金融机构及非金融机构不良资产的非银行金融机构,这天然地决定了资产公司具有金融风险处置功能。资产公司的金融风险处置功能,与其开展的不良资产收购处置业务密切相关。资产公司从事的债权类、股权类、实物类等不良资产收购处置业务,是其具备金融风险处置功能的基础。

从单个项目看,资产公司是处置金融风险的金融机构。以贷款为例,银行筹集资金并对实体企业发放贷款,并承担了信用风险。如果贷款到期发生信用风险,资产公司作为处置不良贷款的备选机构,承担了金融风险处置任务。以应收账款为例,资产公司收购实体企业之间的欠账,处置商业信用风险及金融风险,改进实体企业经济状况。

从全局看,资产公司天生的金融功能就是化解和防范系统性风险。20世纪末,为应对亚洲金融危机,党中央、国务院果断成立四家资产公司，集中收购处置工、农、中、建四大国有银行政策性剥离的 1.4 万亿元不良资产，取得成功。1999 年成立以来，四家资产公司在政策性债转股项目方面实现公司注册近 1000 户，债转股总金额近 2000 亿元；商业化收购资产账面价值 2 万亿元以上，受托处置资产 1 万亿元以上。这些充分说明，资产公司具有金融风险处置、化解等功能。

与银行、证券、保险等金融机构相比较，在我国现行的金融组织体系中，毫无疑问，资产公司具有独特的金融风险处置功能。资产公司运用收购、重组、投资投行等手段，收购并处置不良资产，改善其他金融机构和实体企业的运营，托管和处置问题金融机构及问题实体企业，有效地化解了金融风险，尤其可以防范系统性金融风险。

系统性风险具有时间、跨部门及金融市场等三个维度。无论是对于哪一个维度的系统性风险，资产公司都体现出强大的风险处置功能。

从时间维度的系统性风险看，在经济下行阶段，经济周期与信贷周期联动并共同处于下行，商业银行、信托公司等金融机构的不良资产逐步暴露，资本受到侵蚀，资产流动性下降，信贷投放能力减弱。但是，资产公司可通过收购不良资产，改善其他金融机构的资产负债表，提高其他金融机构的流动性，增强其他金融机构的信贷投放能力，加快实体经济复苏。因为在中央财政控股下，资产公司可以按照国家的意志，适时介入，并合理定价和收购不良资产，进行系统性金融风险处置，进而维护金融大局稳定，实现国家的战略意图。

从跨部门维度的系统性风险看，系统性风险的冲击后果还取决于金融机构的结构性特征、金融工具的复杂性和不透明性等，资产公司有针对性地处置风险总量较为集中的少数金融机构，实现风险在不同金融机构之间的隔离，通过收购处置风险集中、复杂性强、透明性差的金融资产，提高金融市场的透明度，降低系统性风险的传染和冲击力度。

从金融市场的维度看，在金融危机期间，资产公司通过收购处置特定资产，有针对性地托管处置风险集中的金融机构，可抑制其他金融机构和投资者的风险短视和短期主义行为，弱化金融市场的"羊群效应"，稳定金融市场的预期。

（二）跨周期金融功能

资产公司的跨周期金融功能是指它收购、处置不良资产的跨周期经营。主要是因为不良资产具有显著的周期性，资产公司在经济下行时收购不良资产，并在经济上行时实施价值提升和销售资产，实现投资不良资产的经营收益。

来自金融机构及实体经济的不良资产在市场经济运行中是不可避免的。并且，受经济增长变化、行业结构调整、金融政策变化、宏观调控、房地产周期及国际环境等因素影响，不良资产呈现周期性波动特征，具有显著的周期性。一般情况下，当实体经济处于低谷时期，大量资产由于受行业景气变化、金融环境变化、宏观经济调整等因素影响成为不良资产，综合表现为金融机构、金融体系、实体企业中不良资产的快速暴露和积累。而在实体经济转向复苏、上涨之后，不良资产价值逐步得到修复，金融机构及实体企业的不良资产整体将呈现下降趋势。

不良资产的周期性决定了资产公司收购不良资产具有周期性，

经营不良资产主业具有跨周期性。从顺周期和逆周期的角度看，资产公司在经济不景气、不良资产增多时收购不良资产业务具有逆周期性，在经济上升时期提升资产价值并处置资产，具有显著的跨周期性质。从时间周期看，在不同时间段内的不良资产交易市场和处置市场中，资产公司具有显著的跨周期金融功能。从资产公司多年的发展轨迹来看，在亚洲金融危机冲击及大量不良资产爆发时资产公司大量收购不良资产，并结合内外环境大量处置不良资产，在近期的商业化运行中针对经济新问题又开启新一轮大规模收购不良资产，呈现显著的跨周期经营特征。

从业务功能看，银行信贷具有显著的顺周期性特征，伴随着经济周期扩展或收缩。而资产公司则在经济下行即逆周期阶段，通过收购不良资产并进行重组、整理，帮助金融部门恢复流动性，缓释金融风险；而在经济上行即顺周期、资产价格上升阶段，通过出售资产实现价值，最大限度地提升资产价值、减少资产损失。与银行类似，资产公司通过收购非金融不良资产，对实体企业实施资产重组、债务重组、并购重组等方式，为实体企业提供流动性；在经济上行时期，实体企业效率改善，资产公司回收现金，或者通过出售资产、股权等方式实现价值。

从金融机构属性看，商业银行等金融机构具有典型的顺周期特征，其经济活动与经济周期密切且呈正相关，在经济下行阶段不良资产增多，在经济复苏发展阶段不良资产减少；而资产公司则具有明显的逆周期特征，特别是在经济下行阶段，围绕不良资产市场，扩大收购重组规模，在经济上行阶段整理出售。同时，在经济下行阶段，实体企业之间的应收账款风险加大，实体企业之间的商业信用风险大量暴露积累，这些加剧了实体企业及产业风险，与整体的实体经济形成了相互加强的周期特性。针对实体企业之间的商业信用风险加剧及非金融不良资产累积增多，资产公司采取收购应收账款、新增融资等措施，通过出售、重组、并购等方式，在未来经济复苏时期处置相应的资产，实施具有跨周期的收购处置经营。

从经济周期看，尤其是在经济下行阶段，不良资产显著增加，不良资产市场规模扩大，为资产公司带来了巨大的业务机会，使资产公司施展跨周期金融功能成为可能。在经济上行周期中，伴随着不动产、股权等各类市场的恢复发展，银行及实体企业经营改善，资产公司处置资产、股权等回收现金并获得盈利。从空间的角度看，资产公司横跨不良资产交易市场和处置市场，开展各类资产的逆周期业务和具备独特的跨周期金融功能，同时通过平台公司及投资投行等经营手段，促进资产在经济上行周期中升值。

经济具有周期性，不良资产具有周期性，银行等金融机构也具有顺周期性。但是，资产公司具备独特的跨周期金融功能。在经济下行阶段，资产公司收购处置其他金融机构及实体企业的不良资产，发挥了逆周期的收购功能。收购之后，资产公司经营管理收购不良资产形成的资产，通过注资、重组、重整、并购等方式，增加土地、房产、债权、股权等资产的内在价值。在经济上行阶段，资产公司出售已经增值的资产，并使自己在整个金融组织体系中，发挥着其他任何金融部门都不可替代的跨周期金融功能。

（三）金融救助和重整功能

四家资产公司的金融救助和重整功能，主要是指对危机中系统性或局部性重要的金融机构、实体企业的救助或重整，包括救助或重整的对象、技术、方式等。从1999年成立以来，四家资产公司已经完成了对国有银行不良资产剥离的救助、支持国有银行上市，重整多家证券公司、信托公司及大型实体企业集团等。

从金融机构和实体企业的角度看，资产公司拥有丰富的托管和重组经验，具有强大的金融救助和重整功能。金融风险不仅体现在金融机构或实体企业的不良资产上，也会体现在一些高风险或遭遇危机的金融机构和实体企业上，这些金融机构及实体企业的救助和重整需求巨大。而资产公司运用投资投行、重组等技术，有效管控和处置高风险或危机金融机构和实体企业，充分显示了资产公司自身具有的金融救助和重整功能。

自1999年成立以来，除大规模接收和处置国有银行剥离的不良资产外，资产公司还通过各种形式处置风险金融机构和问题实体企业数十家，有些已经完成关闭清算，有些经过改善经营或并购重组重获生机，范围涉及商业银行、保险公司、证券公司、信托公司、基金等其他各类金融机构以及一些综合性实体企业集团。

四家资产公司，先后接受金融监管当局及有关地方政府委托托管重组汉唐证券、辽宁证券等问题证券公司，金谷信托、浙江信托等问题信托公司，浙江金融租赁、新疆金融租赁等问题租赁公司，以及"德隆集团"等问题实体企业。具体情况如下。华融公司成功重组湖南省内出现高风险的4家城市商业银行和1家城市信用社，组建了华融湘江银行；成功托管清算了"德隆系"、中国新技术创业投资公司等风险机构。长城公司对陷入危机困境的新疆国际金融租赁公司和伊犁信托公司进行重组，分别将其组建为长城租赁和长城信托。东方公司受托对闽发证券、庆泰信托、泛亚信托、中科信托等4家高风险金融机构以及港澳国际进行清算关闭，收购闽发证券有效资产设立了东兴证券，还对高风险保险公司中华财险进行了重组。信达公司先后受托对 7 家风险金融机构进行处置，包括对中国经济开发信托投资公司、汉唐证券、辽宁证券、华夏证券、北京证券、北京京华信托投资公司进行行政清算，对西部金融租赁公司实施停业整顿。

资产公司通过实施一揽子救助措施包括托管、清算、重组、过桥融资和注资、重整等，使许多金融机构脱胎换骨、重获生机，避免了这些金融机构的倒闭对金融市场和社会稳定的冲击。实践证明，资产公司已具备丰富和强大的问题金融机构和实体企业救助经验与技术，具有较强的金融救助和重整功能。

总体上，自 1999 年诞生以来，资产公司不仅在开展三项商业化业务中接受金融监管部门以及地方政府和机构的委托，对风险机构进行托管经营或清算关闭；而且在后来的商业化转型过程中，通过市场化方式，对风险机构进行并购重组，从而达到消除风险源头、成功处置问题金融机构和问题实体企业。这表明，资产公司已经在化解区域性或系统性金融风险，在维护区域金融稳定、促进区域金融事业健康发展等方面发挥了重要作用。

面对未来我国金融改革发展形势，更加需要资产公司发挥其金融救助和重整功能。当前我国利率市场化不断推进，人民币国际化加剧利率市场波动，系统性和地区性金融机构以及中小金融机构面临的风险显著增加，这凸显了资产公司金融救助和重整功能的重要性。特别是在存款保险制度建立和行业准入放松等背景下，商业银行等各类金融机构趋于股权多元、数量激增、规模下降、竞争激烈，且脆弱性增强，区域性金融风险和问题金融机构出现将不可避免。考虑到金融风险的传递效应，这些因素都可能对全局性和区域性金融稳定与安全构成威胁。有理由相信，资产公司应当进一步强化其金融救助和重整功能,让自身在救助特定问题金融机构、维护地区性金融稳定与安全、稳定金融市场预期上发挥独特作用。

(四) 宏观审慎政策工具功能

资产公司诞生于金融危机,是为化解金融危机、处置金融风险而生的具有特殊性质的金融机构,具有非典型的宏观审慎政策工具功能,可以作为国家化解系统性金融风险的宏观审慎政策工具。资产公司的宏观审慎政策工具功能,就是指资产公司可以作为国家宏观审慎政策工具箱中的针对系统性金融风险的非典型工具之一。

1. 非典型的宏观审慎政策工具包含在宏观审慎政策工具箱之中,也是针对系统性风险的

全球金融稳定理事会(FSB)指出,宏观审慎政策在于防范系统性金融风险,分析金融体系及其与实体经济的相互作用,设计相关工具并实施授权,包括非典型的宏观审慎政策工具及治理。

宏观审慎政策是指,主要运用宏观审慎政策工具来防范系统性的或系统范围的金融风险,由此防止可能对实体经济造成危害的关键金融服务领域的动荡。宏观审慎政策的主要措施是,抑制金融体系中的风险累积,识别金融风险,并应对金融风险的传播和扩散。宏观审慎政策是微观审慎政策的补充,与其他维护金融稳定的公共政策相互影响。作为一个政策体系,宏观审慎政策包括宏观审慎政策工具及其组成的工具箱,还包括非典型的宏观审慎政策工具及治理。或者可以说,宏观审慎政策工具箱,包括常用的、典型的宏观审慎政策工具,也包括不常用的、非典型的宏观审慎政策工具,比如资产公司。

在宏观审慎政策工具箱中存在的非典型审慎政策工具,主要应该具备以下特点：一是明确针对系统性风险，防范和化解系统性金融风险；二是以必要的治理安排为支撑，确保审慎政策工具发挥效果。

非典型宏观审慎政策工具的创设及发展具有普遍性。当前，从世界范围看，包括我国在内的世界各国，金融宏观审慎管理制度框架都有待完善，宏观审慎政策工具也不够完备，一些非典型的宏观审慎政策工具应运而生。其中，一些发达国家有采用增强交易所透明度和金融机构投资集中度管理等作为非典型的宏观审慎政策工具，以防范和化解系统性金融风险。

2. 在中国，资产公司可以作为非典型的宏观审慎政策工具

从我国资产公司成立背景、承担职责和运行实践分析，资产公司主要是针对系统性金融风险，并且获得了一定的政府支持，从成立时就被赋予了明显的非典型的宏观审慎政策工具的功能和特征。尤其是在金融危机来临之时，资产公司通过收购处置风险资产，救助和重整问题金融机构及问题实体企业，发挥了巨大的金融稳定作用。

从防范系统性金融风险看，资产公司是为应对银行危机而诞生的，具备防范系统性金融风险的天然功能。从目标上看，资产公司在于防范和化解系统性风险，符合非典型的宏观审慎政策工具的基本要求。从技术手段上看，资产公司运用专业化处置技术和并购重组手段运作，把并购、重组、救助结合起来，最大限度地提升资产价值，重振问题金融机构或实体企业，进而把"坏资产"变成"好资产"、"坏银行"变成"好银行"、"坏企业"变成"好企业"，最终达到稳定金融和市场预期的目的。从治理安排上看，国家通过中央财政加强对资产公司的控制，可以增强国家运用宏观审慎政策工具的自主性和灵活性，并逐步完善宏观审慎管理制度和工具组合，更好地发挥各类型宏观审慎政策工具的调节功能，从而实现各种政策工具间的相互协调和配合，最终达到防范系统性金融风险、提高金融体系的稳定性、保持宏观经济持续平衡健康发展的目的。

3. 资产公司发挥非典型的宏观审慎政策工具功能，需要必要的治理安排及政府支持

资产公司发挥非典型的宏观审慎政策工具功能，需要政府部门的大力支持。在通常的不良资产交易市场中，银行等金融机构出售不良资产，资产公司收购并处置不良资产，有助于银行等金融机构改善资产质量，释放资本，提升其他金融机构的内在价值。从金融体系与实体经济的相互作用看，资产公司在处置不良资产的过程中，为实体企业提供资金来源，解决实体企业融资约束问题，增加实体企业投资，提升实体企业价值。但是，当不良资产大量出现或者是金融危机到来时，不良资产的回收或潜在价值继续下降，不良资产交易市场和处置市场的市场化机制失灵，此时就需要政府的支持，促进资产公司收购不良资产，恢复不良资产交易市场和处置市场，帮助资产公司继续发挥金融稳定作用。

防范和化解系统性金融风险与货币当局是分不开的，从治理的角度看，中国人民银行作为货币当局应该支持资产公司作为非典型的宏观审慎政策工具发挥功能。一是央行支持资产公司开展债务融资。从表内负债业务看，央行可以为资产公司提供短、中、长等不同期限的资金支持。在现有的货币政策工具中，央行可以采取定向货币融资、再贷款、金融债及专项债等工具为资产公司提供融资，也可以将资产公司的合格资产纳入央行认可的合格抵押品范围，助力资产公司融资。二是央行可以通过多种途径提高资产公司资本充足率。比照商业银行，对符合条件的资产公司，央行可以支持它在银行间债券市场发行二级资本债、混合资本债等工具，以此提高该资产公司的资本充足率。在大量不良资产涌现时，比照国开行和进出口银行，央行以外汇储备委托贷款债转股形式，注资资产公司。三是央行支持资产公司创新性融资。在表外资产管理方面，央行也可以采用资产支持证券、不良资产收购基金等方式，支持资产公司增强不良资产收购处置能力。

当前，经济进入新常态，需要政府大力支持资产公司发挥宏观审慎政策工具功能。由于经济下行等因素，不良资产供给大幅增加，但是资产公司收购能力相对有限，处置风险不断加大，逐渐形成不良资产供给与收购之间的不匹配。不良资产如果得不到有效及时的处置，会累积金融风险，加大银行等金融机构的风险积聚，最终可能会引发系统性金融风险。因此，需要政府对资产公司安排合理的治理支撑，在金融监管、资金来源、法律政策等方面给予资产公司支持，发挥央行、法律、政府等对资产公司的支持作用，提高资产公司对不良资产的收购规模，激励资产公司对不良资产进行重组、托管、重整等，改进其他金融机构和实体企业的效率，提升其他金融机构和实体企业的市场价值，有效地发挥宏观审慎政策工具功能。

（五）存量资产盘活功能

资产公司具有满足经济金融体系中存量资产盘活需求的金融属性，即：资产公司通过收购处置等技术，提高了债权类、股权类、实物类资产在经济金融体系中的配置效率。历史经验表明，资产公司已经具有并发挥了独特的存量资产盘活功能。我国存量资产规模巨大，迫切需要资产公司发挥其盘活功能。

1. 资产公司在中国金融组织体系中具有盘活存量资产的独特功能

在中国金融组织体系中，从增量和存量的角度看，以银行、证券、保险为代表的金融机构以增量方式支持实体经济发展，而资产公司以收购处置存量资产支持实体经济发展，资产公司具有独特的存量资产盘活功能。

在金融组织体系中，银行、证券、保险、信托、租赁等金融机构，主要是运用债权类融资工具或股权类融资工具，以增量方式来配置金融资源。但是，资产公司的显著特点则是它从存量入手，通过收购、处置其他金融机构和非金融机构已经形成的不良资产，通过问题资产、问题企业和问题机构的收购、处置和重振，来解决存量中的资产结构和资源错配问题。

在金融不良资产领域，资产公司首先是通过收购不良资产，使得金融企业存量资产中账面不良资产减少，整体资产质量提升，流动性资产增加，资本充足压力下降，资产负债表改善，在财务杠杆不变的情况下，化解潜在的或已形成的金融风险。其次是通过债务重组，使实体经济的负债减少，财务杠杆下降，信用风险降低；通过资产重组、债转股和破产清算等多种处置方式，盘活存量资产，使错配资源得到优化，使整个社会资源的运用效率得到提高；同时，资产公司通过综合运用并购重组等投资银行手段，大幅提升资产价值，在盘活存量资产、优化资源配置、实现社会效益的同时，实现自身效益。

在非金融类不良资产领域，资产公司直接通过附加债务重组协议的方式，收购实体企业存量资产中由于流动性困难而产生的不良应收账款，并通过债务重组、资产重组等方式进行处置。一方面，提高了实体企业的流动性，特别是在财务杠杆不变的情况下，改善实体企业的资产负债结构，化解实体企业的经营风险；另一方面，对于金融机构而言，由于实体企业不良应收账款被收购重组，银行客户的风险度下降，信用风险得到化解，不良资产压力减少，存量信贷资产质量得到提高。

同时，资产公司在处置不良资产过程中，为了达到盘活存量资产、提升资产价值、优化资源配置的目的，还需运用一定的增量作为手段，对不良资产或低效资产追加投资、实行夹层融资等，以恢复和增强企业的流动性与营利性。并且，资产公司构建了包括银行、证券、保险、信托、租赁、基金、期货等多元化的金融平台，以及置业、金融咨询、金融资产交易、信用评级等辅助平台，从而比其他金融机构在盘活存量资产方面有更多的通道、工具和手段，更便于从社会资源最优配置角度盘活存量资产，实现资产价值的最大化，实现支持国家经济结构战略性调整的目的。

2. 历史实践表明，资产公司已充分发挥了盘活存量资产的独特功能和专业优势

自成立以来，资产公司在数万亿元的不良资产收购处置和综合化经营过程中，逐步形成了"盘活存量资产、调整资产结构、优化资源配置"的专业技术和手段。其中，资产公司积累了大量的盘活存量资产技术，拥有盘活债权、股权、实物等资产的专业队伍。

在债转股方面，资产公司通过参与公司治理、并购重组、追加投资等方式，减轻了相关企业负担，改善了债转股企业的经营效率，使债转股企业重新焕发生机与活力。早在成立之初，1999年

10月东方公司就对江西凤凰光学仪器有限公司实施了债转股，且在同年四家资产公司共同对浙江化纤联合股份有限公司实施了联合债转股。四家资产公司自政策性收购不良资产以来，已经积累了相当多的债转股企业的股权，不仅减轻了债转股企业的财务经营压力，还通过参与公司治理提升了债转股企业的内在价值。

在危机企业托管方面，资产公司参与证券、信托、租赁、房地产等行业的托管清算和重组，在化解金融风险的同时，搭建了诸多的多元化金融服务平台，增强了自身处置存量资产的能力，进一步强化了自身盘活存量资产的功能。例如，华融公司在2004年受国务院委托，托管处置了德隆系大型民营企业集团，化解了系统性金融风险；长城公司收购了汉龙集团旗下德阳银行的股权，化解了局部性金融风险，提升了德阳银行的经营能力，激发了德阳银行的发展动力。

在不良资产尽职调查方面，资产公司着眼于从未来重组和价值提升角度判断不良资产，为"雕"而选"根"，比其他金融机构更能发现不良资产的潜在价值，更能改善问题企业的经营水平，更能提高存量资产的资源配置效率。在实体企业方面，资产公司通过开展收购重组类业务，帮助有潜在价值的企业继续发展壮大。在问题金融机构方面，通过重组等方式，资产公司改进问题金融机构的经营水平。例如，华融公司在2006年重组浙江金融租赁为华融金融租赁，在2008年重组新疆国际信托投资有限责任公司为华融信托。

在不良资产定价方面，资产公司建立了以大量处置案例为基础的资产损失率数据库，形成了独有的估值模型，并形成相关的行业准则，为盘活存量资产提供了技术保障，完善和发展了不良资产市场，有助于不良资产的处置和发展。中国长城资产管理公司拥有一套较为先进的不良资产估值系统，配备专业的计算软件系统及专业的维护团队，为收购不良资产提供定价决策参考，并且根据业务开展情况，不断地更新该系统。

在处置策略选择方面，资产公司根据债权、股权、房产、土地等资产未来的价值提升空间，按经营类、处置类和搁置类对不良资产进行分类，形成了专业的资产分类处置技术及价值判断能力与判断标准，促进了不良资产在信贷市场、资本市场等各类金融市场等更为广阔的经济体系中提升价值，有力地提高了不良资产及其形成的各类资产的社会配置效率。

在处置方法和手段方面，资产公司形成了综合运用债务重组、资产重组、资产置换、投资投行、追加投资等多种手段提升资产价值的专有技术，特别是综合运用多种手段进行并购重组的专有技术，为盘活存量拓宽退出通道。

1999年以来，四家资产公司已在A股市场上创造了如PT渝钛铂（000515）、信邦制药（002390）、天一科技（000908）、东盛科技（600771）等数百家企业并购重组、资本运作的经典案例，也打造了"重整超日"等经典投行案例。这些经典案例及近十几年来的运行实践表明，四家资产公司已经具备强大的盘活存量资产功能，并借此促进资源配置优化、经济结构改善、金融风险化解，支持实体经济发展。

同时，在这十几年的发展过程中，资产公司培养造就了一大批熟悉不良资产分类处置、并购重组、资产管理、法律、财务、投资银行等业务的复合型、创新型人才，形成了较大规模的网络资源、信息资源和客户资源。目前，与其他金融机构相比，在中国金融组织体系中，资产公司已形成了无法比拟的盘活存量资产的独特功能和优势。

3. 我国经济中的存量资产规模巨大，急需资产公司发挥盘活存量资产功能

优化金融资源配置、用好增量、盘活存量，是统筹金融资源、支持经济结构调整和增长方式转换的核心。目前，我国经济进入新常态，要打好金融风险防控攻坚战，加强供给侧结构性改革，这需要资产公司盘活各类存量资产，提高不良资产一级市场和二级市场的运行效率，提高低效、无效的债权、股权、土地、房产等各类存量资产的社会配置效率，充分发挥好资产公司服务供给侧结构性改革的特殊功能。

在长达数十年的高速增长后，中国已成为全球最大的货币体和第二大经济体。随着当前经济下行压力加大和经济结构调整的深入，部分产能过剩和资源错配的行业风险已充分暴露，需要盘活的存量不良资产和低效资产规模巨大。从金融资产看，商业银行的不良贷款规模总体较大，各类不良贷款率不可忽视，部分中小银行的不良贷款高居不下，信托、金融租赁等非银行金融机构的不良资产规模也不容小觑，尤其是P2P行业爆发了重大风险。从实体经济看，国内规模以上工业企业应收账款总额达数十万亿元，全国企业应收账款规模更是在几十万亿元以上。这一问题已严重影响了实体企业资金周转，影响了整个宏观经济运行。盘活存量、调整结构将是一个长期的过程，而存量资产盘活和结构调整的程度和速度，也将直接影响国家整个经济结构战略性调整的进程。

资产公司需要继续发挥盘活存量资产的功能。在金融体系中，区别于其他金融机构的增量调节，资产公司的显著功能就是具有存量盘活功能，通过对存量资产起作用，解决资产固化、结构失衡、资源错配问题，进而实现存量资产盘活和结构优化，并以此助力新的经济业态形成和增长方式的转换。目前，我国拥有百万亿元巨大的金融存量资产和数十万亿元的企业应收账款，以及实体经济中巨大的存量资产，盘活存量资产的任务十分艰巨、可挖掘的潜力和空间巨大。在经济新常态下，在不良资产暴增之际，经济转型发展是必由之路，作为大型国有金融企业，四家资产公司有能力也有义务，加快不良资产收购及处置，提升金融资产、实物资产等存量资产的社会配置效率，充分发挥盘活存量资产的独特功能。无论是从商业角度看，还是从社会经济发展看，资产公司应该进一步发挥在这方面的独特优势，在更好地发展自身的同时，更好地为我国经济结构的战略性调整服务。

三　金融资产管理公司的延伸金融功能

资产公司的延伸金融功能是其基本金融功能的自然延伸，是不良资产收购处置业务的升级，是资产公司业务发展的必然，主要包括资产管理、融合创新及综合金融服务等功能。这些延伸金融功能是资产公司适应经济金融环境变化的自我发展与自我升级，资产公司具备资源、技术及能力以满足社会经济发展的金融需求。

（一）资产管理功能

目前，对"资产管理"的定义并不统一。这里主要从三个角度研究资产公司的资产管理功能，即正常资产和不良资产、包括现金和不动产在内的存在流动性差异的资产、表内与表外资产。

1. 资产公司的资产管理覆盖正常资产和不良资产

从社会经济动态发展看,正常资产和不良资产没有不可逾越的鸿沟,两者的主要区别在于是否能实现正常的回报。如果能实现正常回报或所实现的回报高于正常回报,可以归为正常资产;否则,归为不良资产。在实际经营中,资产公司通过对外投资、买卖有价证券等持有并管理股权、债券等正常资产,通过收购银行、实体企业的不良资产并对此不良资产进行管理、经营,形成了土地、房产、债权等资产,将自身资产管理业务覆盖到正常资产和不良资产。

从资产来源看,随着社会经济发展,正常资产和不良资产的规模日益增多,为资产公司的收购处置或委托处置等提供了大量资产,拓宽了资产公司的资产管理范围。从资产公司的资产负债表看,由原来收购不良资产而形成的资产,发展到新增了投资股权、债权等正常资产,覆盖多类型的资产。从管理项下看,资产公司自营资产和委托管理资产已经覆盖正常资产和不良资产,前者包括企业股权、债权,后者包括不良信贷、不动产、问题企业及问题金融机构等。

从时间周期看,不良资产与正常资产是可以相互转化的。资产公司具有不良资产处置的人才、技术、资源及市场等。通过重组、并购、重整等投资投行技术,资产公司将不良的债权、股权、不动产等资产,逐步转化为正常资产,或是优质资产,起到了全面资产管理作用。

2. 资产公司的资产管理涉及各类流动性的资产

从资产的流动性看,资产公司经营管理的资产涵盖了货币现金、债券、股票、不动产,以及其他形式的债权及股权等。一般情况下，资产公司收购各类非现金资产，包括债权、股权及不动产。但是，随着居民收入增加及社会财富增长，以家庭及个人为核心的财富管理日益发展。资产公司的资产管理也涵盖到私人财富领域。

一般情况下，资产公司收购金融债权、实体企业资产、政府平台贷款、政府一般性资产、军队特殊资产等，管理各类金融和非金融资产，提供资产重组、资产转让、收购兼并、财务顾问、法律咨询等专业化服务。同时，为适应利率市场化发展及个人财富管理需求，资产公司开展了财富管理业务。资产公司既可以开展一些与银行理财同质的业务，也可以创新一些资产公司独有的"另类理财"业务，引导金融资本、产业资本、社会财富与实体企业实现有效对接，运用更好的交易结构来实现财富的保值增值。

从资产形态看，资产公司已经覆盖现金、证券、不动产等各种类型的资产。在利率市场化发展和多层次资本市场建设中，资产公司运用收购、重组、投资投行等技术，推动了不良资产市场、资本市场等各类金融市场的互动联系，促进了资产的保值升值。

3. 资产公司的资产管理包括自营和受托管理

国际资产管理机构的发展经验表明，资产公司的表内资产越来越小，但是其管理项下的资产越来越大。自成立以来，资产公司表内资产规模逐渐增大，与此同时，其受托管理资产规模不断提高。

在资产负债表内，资产公司通过收购不良资产，形成自营的资产，并利用投资投行、重组重整等技术，提升及实现资产价值。随着中国金融市场化进程不断加快，经济进入新常态，资产公司接受政府、实体企业、其他金融机构等委托管理的各类金融和非金融资产，并提供资产重组、转让、收购、兼并、托管计划与咨询等专业化服务，逐步发展受托资产管理业务。

针对高端（个人）客户财富管理需求日益旺盛，资产公司开展与银行理财同质的业务。在利率市场化发展过程中，居民投资渠道增加，对资产管理计划等产品日益青睐，资产公司通过发行相关的资产管理计划产品，创新独有的"另类理财"业务。资产公司的优势在于资产资源及管理技术，个人客户资金可以很好地对接资产公司资产端的资源及技术优势。依托资产池实施资产证券化，依托分子公司平台，资产公司创新更高收益水平的产品，运用更好的交易结构来实现财富的保值增值，推动中国资产管理业持续健康发展。

（二）融合创新功能

融合创新已经成为资产公司的一项重要金融功能。经济金融环境不断发展激发了资产公司的创新需求，多年发展积累的金融牌照、技术、人力等资源为资产公司的融合创新奠定了基础。

1. 经济金融环境变化促进资产公司融合创新发展

纵观国内外金融机构发展历史，金融机构的持续发展离不开创新。金融机构的创新发展是对外部环境变化的内在反应。同样，作为一类金融机构，资产公司融合创新发展与其外部环境变化是分不开的。

从宏观层面看，经济进入新常态，利率汇率转向市场化，多层次资本市场加快发展，大量的存量资产需要盘活，这些外部经济金融环境的变化，必将引导资产公司创新发展，满足社会新兴的金融需求。

具体到微观层面，资产公司的主要经营业务不良资产收购处置业务也在发生变化，需要加强不良资产的甄别，通过运用各类金融资源，提升不良资产的价值，提高资产的现金回收能力。金融机构的需求也在发生变化，不仅存在不良资产的出售需求，还存在资产管理等更为宽广领域的业务合作。实体企业的金融需求日新月异，已经从信贷、IPO、债券等传统需求，逐步扩大到各类资产支持证券、并购重组、过桥融资、并购贷款等新金融需求。居民财富增加，对金融产品及服务模式的需求也在发生变化，从房产、存款、信托，向资产管理计划、股权投资等领域重新配置。

2. 资产公司具备融合创新的资源和能力

经过十几年的发展，资产公司积累了大量的资源，并持续地对这些资源进行融合，不断地进行创新发展。在金融牌照方面，四家资产公司不仅继承创新了不良资产收购处置业务，还积累了银行、证券、保险、租赁、基金、信托等平台公司，资产公司的金融全牌照格局初步形成。资产公司的组织形式也在发生变化，在平台公司的基础上，逐步形成了金融控股集团公司，并且母公司依然开展以不良资产收购处置为核心的资产管理业务。在不良资产收购处置技术的基础上，资产公司还积累了大量的债权重整重组、并购重组、投资投行等技术，并融合银行、证券、保险等子公司技术，已经具备一流的融合创新能力。资产公司还拥有广泛的分支机构、大量的高素质专业人才，注重发展博士后工作站，进一步提高了对市场的反应能力，进一步增强了以客户为导向的融合创新能力。

3. 资产公司的融合创新表现形式多样

资产公司在全方位地进行融合创新，主要包括业务、产品、客户管理、内部控制等。在业务方面，资产公司做强做精不良资产收购处置业务，加大发展并购重组、资产管理、投资投行等业务。尤其是以不良资产为基础的协同业务持续创新。跟随不良资产市场的变化，资产公司在不良资产收购方面，创新了联合收购、收购定价等，优化了不良资产一级市场的运行效率。在不良资产处置方面，提高了资产升值技术，推出了债权重组、资产重组等实质性重组业务。在产品创新方面，资产公司母公司及子公司不仅在不良资产收购处置、银行、证券、保险等各自金融子行业领域创新产品，还积极推动不良资产管理与银行、证券、保险之间的相互协同产品的创新发展。在客户管理方面，资产公司的客户群体规模日益壮大，社会品牌效益不断提升，对外合作和社会影响持续扩大。在内控方面，资产公司强化风险管理，优化业务审核流程，在金融不良资产估值模型等评估评级领域彰显优势。

（三）综合金融服务功能

综合金融服务是资产公司自身发展的必然道路，是资产公司发展不良资产业务的自然延伸。尤其是随着外部环境变化，面临的竞争者及客户需求也在发生变化，资产公司开展综合金融服务是应有之策。

1. 综合金融服务功能是资产公司开展不良资产业务的自然延伸

资产公司在处置问题金融机构过程中，通过托管、重组、重整等手段，使得高风险的问题金融机构化解了金融风险，同时也获得了一些金融牌照。通过债转股等技术，资产公司在不良资产处置中整合资源，又进一步获得了一些其他金融机构的控股权。在商业化发展过程中，资产公司还通过新设等方式增添了金融牌照种类。

目前，资产公司可以为客户提供资产经营管理、银行、证券、信托、租赁、投资、基金、期货、置业、PE等全牌照、多功能、一揽子综合金融服务。同时，资产公司利用其营销网络，依托分公司、子公司等分支机构，积极创新债权、股权、不动产等各类产品，为地方经济和实体企业发展提供全牌照、全周期、多功能、一揽子综合金融服务。

2. 客户金融需求日益多元化，要求资产公司发展综合服务

经济发展极大地增加了社会财富，企业及个人资产快速增长。随着利率市场化发展，社会资产配置形式发生了转变，由过去的存款，到房地产，再到现在的债券、股票等金融资产。毫无疑问，随着各类资产市场的发展，企业及居民的资产选择范围扩大，金融需求日益多元化。

从企业角度看，企业的投融资方式发生了变化，不仅需要日常的现金管理，也需要规模不等、期限不同的债权及股权融资，同时经营风险及现金流风险，也要求企业选择综合金融服务。从居民角度看，受到个人现金流及收入、财产等影响，居民配置资产的范围日益扩大，不仅需要管理现金、不动产、证券等，还需要从金融机构获得融资，其综合性金融需求日益明显。

资产公司主要收购不良资产，运用投资投行、重组重整等技术，管理并提升资产价值，为企业及居民资产保值增值。面对企业多元化的金融需求，资产公司不断创新金融产品，发挥多种金融牌照的资源优势，借助分支机构，逐步增强综合金融服务能力。针对居民投资需求变化，资产公司通过发行金融产品，对接基金、信托、资产管理计划等，为不良资产处置、资产重整、财务重组等提供资金来源，有效地满足居民金融需求。

3. "大资管时代"到来，促进资产公司参与综合服务竞争

2012年以来，政策环境发生巨大变化，资产管理行业的政策创新顺应市场发展，逐步打破原有的分业经营格局，不同金融机构可以开展类似的资产管理业务。2013年，银行、券商、保险、基金、信托、资产管理公司等各类金融机构竞相涌入资产管理行业，正式迈入"大资管时代"。外部环境的快速变化，要求资产公司积极参与综合服务竞争。

从综合经营模式看，各类金融机构相互渗透，逐步开展实质上的混业经营。一方面，传统的银行开始进入信托、租赁、保险、基金等。例如，中国交通银行、中国银行、国家开发银行等传统的大型银行，通过重组、筹建等方式控股信托、租赁等非银行金融机构。2010年初，中国交通银行还获批进入保险领域。近期，兴业银行、北京银行还筹建了各自的公募基金公司。

另一方面，保险、证券也进入其他金融领域发展。例如，中国平安已经成为以保险为主，涵盖银行、证券、交易所等金融机构的金融控股集团，为客户提供全方位的综合金融服务。证券公司通过资产管理业务，为企业客户提供融资，开展类似银行信贷的业务，也形成了覆盖股票、债券、资产管理业务等的综合经营格局。

同时，实体企业及政府控股的金融控股公司也日益发展。近年来，产业资本和金融资本不断融合发展，实体企业控股的金融控股公司发展较快。例如，国家电网、中海油、华能等一批央企，都拥有自己控制的金融板块。地方政府通过整合金融资源，打造金融控股平台，形成金融控股公司，最为典型的代表是上海国际集团。

商业化发展以来，资产公司逐步走上市场化竞争道路，其金融控股集团模式逐步形成，已经有能力参与综合金融服务竞争。资产公司不断完善各平台公司多牌照金融与产业服务功能，充分发挥与资产经营管理主业相契合的专业优势，提供以资产经营管理主业为核心、覆盖企业客户全生命周期、覆盖上下游和同行业的综合金融服务。

四　小结

在金融功能观理论的分析框架下,基于各类金融机构功能的研究成果,详细地研究我国资产公司的金融功能。根据主次之分,又将其分为基本金融功能和延伸金融功能,并相应地给予分析。

首先,回顾了金融功能观的基本概念、基本理论、发展历史等,总结了金融功能观在我国的实践发展,梳理了金融体系、金融市场、金融机构、金融工具等功能研究的成果,为研究资产公司功能奠定基础。

其次,重点分析了资产公司的基本金融功能。从单个项目、具体不良资产收购处置业务等角度,指出资产公司具有金融风险处置功能。从历史经验与定位看,针对系统性金融风险,资产公司是处置系统性金融风险的金融机构,具有防范和化解系统性金融风险功能。从不良资产的周期性看,资产公司顺周期收购、逆周期销售、跨周期平衡,具有跨周期金融功能。从救助性金融看,资产公司救助、重组、托管其他金融机构及实体企业,具有金融救助和重组功能。从宏观审慎政策工具看,资产公司是为应对系统性风险而诞生的,具有不良资产处置技术、团队及机构,具备非典型的宏观审慎政策工具功能。从存量的角度看,资产公司收购、经营、管理存量性质的不良资产,具有存量资产盘活功能。

最后,论述资产公司的延伸功能。经过十多年的发展,资产公司已经发展成为金融控股集团,增加了许多延伸性质的金融功能。从资产性质看,资产公司已经全面管理不良资产、正常资产,现金、债券、股票、房产、地产等不同流动性的资产,也经营受托资产管理，具备资产管理功能。从创新看，基于金融全牌照，资产公司作为金融控股集团，已经具备融合各类金融牌照的金融创新能力，具备融合创新功能。从客户看，资产公司通过母公司及平台子公司，可以为客户提供一揽子综合金融产品及服务，具有综合金融服务功能。

第四章 金融资产管理公司的功能研究：基于新制度经济学视角

本章从新制度经济学的角度，研究金融资产管理公司的金融功能，认为资产公司是一种制度安排，资产公司在不良资产市场中节约了交易成本，通过资产处置等技术提高了资产市场运行效率，进一步优化了经济资源配置。在此基础上，进一步研究正式制度、非正式制度及制度实施机制对资产公司金融功能发挥的影响。

一 新制度经济学视角下的金融资产管理公司

新制度经济学理论并没有一个统一的范式，其中交易和交易成本是基本分析单位。这里从交易和交易成本的基本理论，将资产公司视为一种制度安排，并在此基础上研究资产公司的金融功能。

（一）新制度经济学概论

新制度经济学不仅与经济学中的制度主义有联系，也与新古典经济学关系密切。新制度经济学脱胎于新古典经济学，主要强调制度因素在经济系统中的重要性，是古典主义、新古典主义以及奥地利经济学中制度因素的重要扩展。新制度经济学的形成和发展是一个渐进的历史过程，是逐步得到社会认可的过程。

科斯（R. H. Coase）在1937年发表论文《企业的性质》（*The Nature of the Firm*），标志着新制度经济学的诞生。科斯将交易及其相应的交易成本引入经济分析，从交易成本的角度研究企业存在及企业规模等基本问题，认为企业的存在在于使用市场的价格机制是有成本的，企业规模受到组织成本的限制。当然，奈特、哈耶克、迪雷克托等也属于新制度经济学的先行者。20世纪60年代以来，新制度经济学涵盖的内容及成果不断丰富，包括科斯（1960年）的社会成本问题、斯蒂格勒（1961年）的信息经济学、阿罗（1962年）的适度报酬等。经过经济学家们的不断努力，交易、交易成本、制度等逐步成为解释现实世界的有力工具，由此威廉姆森（1975年）正式给出"新制度经济学"之称。

毫无疑问，新制度经济学已经成为分析经济问题的最有力工具之一。但是，新制度经济学内部没有形成一个明确统一的范式，包含与制度、产权、交易等相关的各种研究。威廉姆森、诺斯、德姆塞茨、阿尔钦、巴泽尔、张五常等经济学家，都为新制度经济学的发展做出了贡献。总体而言，新制度经济学认为制度是重要的，并且是能够进行分析的，尤其指出，制度对经济运行绩效具有关键影响。

（二）交易成本经济学的分析方法

新制度经济学内部没有形成一个明确统一的范式，按照研究领域，包括信息经济学、契约经济学、交易成本经济学、新产权经济学及比较制度经济学等。由于交易是新制度经济学的分析单位，这里采用交易成本经济学的分析方法，从交易及交易成本的角度研究金融资产管理公司。

交易成本经济学（Transaction Cost Economics，TCE）是新制度经济学的一种，主要采用交易的分析方法，从交易成本节约的角度，研究经济组织及治理结构的选择，及其相互替代。起源于科斯1937年的经典文章《企业的性质》，后经威廉姆森等经济学家研究发展，交易成本经济学已经成为一种解释市场、企业、中间形式组织等各种经济组织之间相互替代与互补以及各种经济组织内部有效治理机制的经济理论体系。

交易成本经济学以"交易"为分析单位，主要研究契约关系的治理。其中，"交易"是最终的活动单位，强调交易参与主体的有限理性和机会主义假定条件。契约是不完全的，受到参与者的有限理性和机会主义的影响，并且契约的承诺作用也是不完全的。治理是指实现良好秩序的制度安排。同时，治理或制度安排的生产、选择及执行，还受到制度环境的影响，包括产权、法律、规范、习俗等。

交易成本经济学，主要是研究有限理性、机会主义经济主体在各种制度环境下的制度选择及其治理机制问题。制度选择及其治理机制的选择，由交易成本决定。交易成本最为节约的制度安排或治理机制被采用。

交易成本受到交易的特性影响，包括资产专用性、不确定性和交易的频率。资产专用性是指耐用性的人力或物质资产在一定程度上被锁定在特定贸易关系中，由此相对于可供选择的经济活动所具有的价值或经济租，包括位置的专用性、物质资产的专用性、人力资本的专用性和专项投资成本。不确定性是指由有限理性和机会主义导致的外部冲击和行为不确定性,共同构成事前交易和事后交易的不可预见的状态依赖。交易频率是一个相对的维度,主要是由市场的稀薄引起的。

交易成本的形式是多样化的,贯穿于一个典型交易的始终。按照交易的发生时间,交易成本主要包括三个方面的成本,即事前的搜寻及信息成本、事中的谈判及决策成本、事后的监督及履行成本。在达成一项交易的过程中,需要事前寻找交易对手,收集参与方信息、合同信息及条款信息等,在事中需要付出合同及条款的谈判成本和决策成本。事后还存在因为偏离合作方向而导致的交易双方不适应成本、矫正事后不合作现象的讨价还价成本、解决合同纠纷的运转成本、维护合同执行的保证成本。

总体上,交易成本经济学将企业当作一种制度安排,或是治理结构,而不是一种生产函数,突出资产专用性对交易及经济的重要性,依靠对制度的比较分析,来研究制度安排在交易成本方面的节约程度。

(三) 资产公司的制度属性

在新制度经济学视角下研究金融资产管理公司,主要是指运用新制度经济学理论,尤其是交易成本经济学理论,从节约交易成本的角度,分析资产公司这一制度安排的金融功能,以及制度因素对资产公司金融功能发挥的影响。

首先,资产公司是一种制度安排,资产公司的金融功能在于节约交易成本。资产公司的交易成本节约,是与不良资产市场相比较而言的,即资产公司在不良资产收购处置方面相比市场可以节约更多的交易成本。其次，研究资产公司是如何节约交易成本的，包括具体的交易成本的形式及类型。资产公司在微观交易中发挥了节约市场交易成本的金融功能，通过资产处置等技术在资产市场上发挥了提高资产市场效率的功能，并进一步优化了经济资源配置效率。最后，制度环境对资产公司相关金融功能发挥具有重要影响。这些制度环境包括正式制度、非正式制度、制度实施机制等。

新制度经济学为资产公司的功能研究，提供了一个崭新的视角，从制度层面研究资产公司的金融功能，以及制度环境对资产公司金融功能发挥的影响。运用交易和交易成本理论，在新制度经济学的框架下，有助于继续探索资产公司发挥的金融功能，为进一步完善资产公司功能提供支持。

二 基于交易成本分析框架的金融资产管理公司功能研究

资产公司主要以收购不良资产为业务起始点，通过处置资产获取利润，不良资产收购和处置是相互关联的。分析不良资产的交易特征，包括不良资产收购、处置的资产专用性、不确定性和交易频率，进一步研究不良资产收购和处置的相关交易成本，探寻资产公司为其他金融机构、实体企业等经济主体节约交易成本的内在机制。在此基础上，进一步研究资产公司作为一种特殊制度安排，在资产市场和经济体系中的金融功能。

（一）不良资产的交易特性

目前，金融资产管理公司都是开展多元化金融业务的金融控股集团。但是，资产公司的母公司依然是以不良资产收购处置业务为主。为了便于分析，这里以资产公司收购处置不良资产中的债权资产、不动产等为主进行分析研究。

根据威廉姆森的分析，从资产专用性、不确定性和交易频率三个维度，研究不良资产的交易特性。其中，资产专用性是交易成本经济学区别于其他分析方法的最为重要的特征。

1. 不良资产的专用性

资产公司收购的不良资产具有很强的专用性。一方面，由于资产本身的专用性，才形成了不良资产，即专用性是不良资产产生的原因之一。另一方面，作为一种金融债权或股权的金融不良资产，与担保抵押相关的不动产，与其对应的企业所拥有的人力、设备、土地等具有专用性。

资产公司收购的不良资产涵盖金融债权、股权及不动产等，与其相关的资产包括人力、土地、设备等。首先，拥有专业技术的人才具有资产专用性。一旦这些具有特殊技术的专业人才，转换到新的企业中，可能难以发挥其应有的技术优势，影响其内在价值的发挥。其次，土地、房产等具有地理位置和使用用途的专用性。根据土地管理制度，土地的用途，及在土地上面的特殊的耐久性投资所形成的资产，是很难转移到其他用途的。房产受到地理位置、经营用途等一系列条件限制，很难转换到其他用途，具有专用性。最后，债务企业拥有的设备具有专用性。尤其是特殊设备，用于特定目标的生产，很难用于其他用途。

资产公司收购的不良资产的专用性特征是非常明显的。资产专用性，是资产公司参与金融交易的最为显著的特征。资产专用性的存在导致不良资产的产生，不良资产及其有关的资产广泛地具有专用性。

2. 不良资产交易处置的不确定性

在以不良信贷资产为主的不良资产交易市场中，存在巨大的不确定性。一方面，不良资产交易的不确定性受到市场环境的不确定性影响，也受到不良资产交易主体的行为不确定性影响。另一方面，不良资产交易的不确定性，受到不良资产处置市场的不确定性影响。其中，不良资产处置市场面临的市场环境更为复杂，更加具有不确定性。

首先，不良资产交易面临市场环境的不确定性。市场环境的不确定性，是指不良资产交易收购市场未来状况的不确定性，是外部环境随机发生的不确定性问题。由于不良资产交易涉及的范围广泛，包括金融资产、非金融资产，涉及债权、股权、土地、房产等，受到监管政策、市场价格、经济周期等因素影响，所以难以预判不良资产的内在价值、出售及收购规模等。例如，在不良信贷资产出售及收购市场上，受到银行政策、市场竞争、经济周期等因素影响，难以预判到不良信贷资产的供给规模，也难以合理地确定不良信贷资产的价格。

其次，不良资产交易面临交易主体的行为不确定性。行为的不确定性是指不良资产交易主体之间存在的信息不对称问题，交易双方可能会策略性地隐瞒或扭曲信息，并导致因机会主义而引起的不确定性。在不良资产交易中，行为的不确定性与资产专用性联系起来，会产生较大的不确定性影响。在长期交易中，行为不确定性的影响比单独的一次交易影响更大。信息不对称导致的逆向选择和道德风险，贯穿于不良资产交易的整个过程，并带来不确定性影响。

最后，不良资产交易受到不良资产处置市场的不确定性影响。

不良资产交易的动因在于对不良资产的处置,因此,不良资产交易市场受到不良资产处置市场的不确定性影响。一方面,不良资产处置受到市场环境的影响,并对不良资产处置和交易产生不确定性影响。不良资产处置包括债务重组、并购重组、投资投行等,并涉及土地、设备、房产等资产,受到非常广泛的监管制度、发展政策、具体的资产市场的影响,带来了不良资产处置及交易市场的不确定性。另一方面,在不良资产处置市场中,市场主体受到更为复杂的行为不确定性的影响。这些在不良资产处置市场中的不确定性,必然会传导到不良资产交易市场,也必然会给不良资产交易带来不确定性。

3. 不良资产的交易频率

交易的频率,是指交易的次数,是从时间的连续性表现出的交易状况。交易频率决定了交易成本,对于各种交易频率需要选择合理的制度安排。但是,如果仅为少数、低频率的交易去设计,并维持一项专门的制度安排,这种制度安排带来的成本可能无法在这低频率交易中获得补偿。交易频率越高,交易的制度安排的费用越能得到补偿。只有交易经常发生,达到一定的频率,并且资产具有专用性,专门设计一个制度安排并维持其运转才是经济的。

在交易成本经济学中,交易发生的频率会独立地,或与资产专用性、不确定性相结合地影响交易行为。如果交易一方掌握的资产是为对方专用而投资的,无其他用途,则处于不利位置,可能受到交易另一方的敲诈等机会主义的影响。具有专用资产的投资带来的部分收益可能会由于另一方具有不确定性的投机行为而遭受侵害。如果交易中进行专用性资产投资的一方认识到对方的机会主义,以及发生机会主义的不确定性,他可能会改变对专用性资产的投资。

20世纪末，国有银行的不良资产大量涌现，不良资产的交易频率在短期内极度增加，需要运用特殊的制度安排，改善不良资产交易市场的效率。近年来，经济进入新常态，利率市场化加速，不良资产交易频率加快，需要进一步完善不良资产市场的制度安排。

（二）不良资产收购和处置的交易成本

盘活存量资产、促进金融机构和实体企业发展，需要进一步提高不良资产收购和处置市场的效率。但是，不良资产收购和处置市场中存在不可忽视的交易成本。在交易成本经济学中，这些交易成本主要受到有限理性、机会主义及资产专用性等影响。不良资产相关的金融机构、实体企业、政府都存在有限的理性和谋取私利的机会主义动机，并且不良资产及其涉及的技术、人力、不动产等具有专用性，导致不良资产收购和处置中存在交易成本。

按照时间顺序，不良资产收购和处置市场中的市场型交易成本，即利用市场机制的交易成本，主要分为事前、事中、事后三类。其中，事前成本包括交易的准备费用，即搜寻和信息成本；事中成本包括决定签约的费用，即谈判和决策成本；事后成本包括监督交易执行和履行合约义务的费用。

1. 事前成本

在一项交易达成之前，需要花费大量的交易成本。首先，商业银行等金融机构需要寻找有意愿收购不良资产的主体。其次，不良资产收购主体需要了解不良资产的基本情况，包括债务人情况、抵押担保情况、不动产市场价格等信息，并比较收购和处置之间的成本收益。再次，不良资产出售和收购主体，都需要收集潜在的竞争者的行动信息和市场供求信息。最后，不良资产的供求双方，还需要了解国家的相关政策，包括不良资产挂牌交易制度等。

2. 事中成本

在不良资产交易中，双方达成交易存在谈判和决策成本。首先，不良资产的交易双方为了防范交易对手的机会主义，增加了决策成本。其次，不良资产的信息是不完全的，包括不良资产的抵质押情况、相关企业的经营状况、所涉及资产的变现及用途情况等，提高了双方的谈判和决策成本。再次，关于不良资产的估值需要双方不断地讨价还价，提高了谈判费用。最后，不良资产交易与处置是紧密联系的，不良资产处置中存在的成本，也影响到不良资产的出售和收购决策。

3. 事后成本

不良资产交易和处置的事后成本，与不良资产处置方式有密切关系。从资金的角度看，不良资产处置主要存在三类，即收回现金、债务重组、新增投资。在收回现金情况下，由于不良资产权利转移的契约是不完全的，各类抵押权利及抵押物存在信息不对称和信息不完全，与债务有关的现金追偿存在执行不力等不确定性，这些增加了不良资产交易处置的事后成本。在债务重组情况下，债务重组双方都存在有限理性，债务人存在机会主义动机，债务企业未来的经营状况与风险状况存在不确定性，企业经营的外部环境也存在不确定性，这些都增加了事后成本。在新增投资情况下，企业的未来经济状况决定了权利人的收益，企业的经营动力和市场环境都存在不确定性，企业与债权人之间存在信息不对称和信息不完全，这些提高了事后成本。

(三) 资产公司在金融体系中节约交易成本的功能

在《转型时期的特殊金融安排》（张士学，2007）中，资产公司被认为是中国金融体制改革的产物，是中国政府为解决计划经济体制和经济转型中长期累积在国有商业银行体系中的不良资产问题，而在现行金融制度下做出的一种新的制度安排。

资产公司作为新的制度安排，与著名经济学家科斯在《企业的性质》中表达的核心思想是一致的。科斯在《企业的性质》中指出，市场的运行是有成本的，通过形成一个组织，并允许某个权威（一个"企业家"）来支配资源，就能节约某些市场运行成本。

从新制度经济学角度看，中国的资产公司作为一种制度安排，节约了中国不良资产交易和处置市场中的交易成本。在金融组织体系中，资产公司的出现及持续发展，在于它节约了不良资产市场中的交易成本。由于不良资产市场的运行是有巨大成本的，资产公司作为一种制度安排，节约了不良资产市场的交易成本。在新制度经济学视角下，资产公司的功能在于节约不良资产市场及相关金融市场的交易成本。

进一步研究资产公司的节约交易成本功能，需要讨论三个方面的问题。

1. 不存在资产公司的不良资产市场的交易成本分析

为了便于分析不存在资产公司的不良资产市场的交易成本，以银行为例，从银行出售或处置不良资产出发，研究不良资产市场的运行成本。

一方面，银行利用不良资产处置市场的成本较高。银行作为债权人，债权项下的与实体企业有关的机器设备、人力资本、专业技术、土地和房产等都存在专用性。债务企业的经营状况、产品销路、企业家机会主义动机、企业的外部经济环境等，都充满了不确定性。大规模的不良资产的涌现，增加了不良资产处置的交易频率。不良资产的专用性、交易主体及环境的不确定性，以及交易频率的快速增加，使得不良资产市场的交易成本剧增。

银行利用不良资产市场的交易成本，包括事前、事中、事后成本。银行事前需要与债务企业确定相关的债权责任关系，了解抵押物情况、企业经营情况、债务回收率等，并且还需要寻找有意愿购买抵押物、实体企业设备等资产的投资者。在签约过程中，银行与投资者之间需要就企业资产、土地、房产等讨价还价，并收集给潜在投资者的信息，形成了事中的交易成本。在达成交易后，银行与投资者就设备的交割、实体企业清算破产的执行等进行沟通，付出监督执行成本。

另一方面，国有制加大了银行利用不良资产市场的交易成本。目前，中国的银行实际控制人主要是各级政府，国有制加大了银行形成不良资产、再处置不良资产的代理成本。银行家作为国有资本的代理人，存在通过形成不良资产和处置不良资产，谋取个人私利的机会主义倾向。

20 世纪末，中国国有银行体系中的不良资产剧增，使得国有银行不能依靠自身去处置不良资产，从而需要一种新的制度安排，专门从事不良资产的处置工作。

2. 资产公司在不良资产交易市场中的交易成本节约

资产公司作为新的制度安排，在不良资产交易市场中节约了交易成本。首先，资产公司拥有专业的人才和技术，可以及时地分析研究不良资产项下的专用性资产，有效地节约不良资产交易中与资产专用性有关的信息成本，也便于在交易中与出售主体达成协议，降低签约中的讨价还价成本。其次，资产公司通过标准化的收购协议、方式等，降低了不良资产出售和收购的信息收集成本。根据不良资产特点，资产公司通过协议收购、竞标收购等，有效降低不良资产收购中的事中签约成本和事后的监督执行成本。最后，资产公司是大规模高频率地收购不良资产，有效地降低了交易成本。与出售不良资产的金融机构数量和单次出售的不良资产规模相比，资产公司提高了不良资产收购处置的规模，增加了不良资产收购和处置的交易频率，可以形成不良资产收购处置的规模经济和范围经济，可以提升不良资产的潜在价值。

3. 资产公司在不良资产处置市场中的交易成本节约

不良资产交易市场和处置市场是密切联系的。在不良资产处置过程中，资产公司节约了市场的交易成本。一方面，资产公司利用专业化的人才、技术，有效识别资产的专用性，便于达成资产处置交易。通过规范交易和提高交易频率等，降低交易的不确定性，形成资产处置的规模经济和范围经济。另一方面，资产公司在不同程度上节约了资产处置的相关交易成本。在事前，资产公司通过分支机构、网络平台等渠道，发布资产处置信息，寻找潜在的投资者。通过资产分类、信息公示等方式，降低了投资者的信息壁垒，提高了资产处置的透明性。在事中，资产公司通过资产的专用性分类、标准合约、市场研判等，降低了签订合约的讨价还价成本。在事后，资产公司通过风险管理、担保措施、法律法规保障等措施，加强了资产处置相关的责任落实，保证交易的顺利执行。

综上所述，中国的资产公司是一种特殊的制度安排。从新制度经济学角度看，不良资产交易和处置市场的运行存在各种交易成本，资产公司的诞生节约了市场运行的交易成本。随着资产公司内部组织成本的提高，资产公司的规模受到了限制。资产公司节约的市场交易成本带来的边际收益和其内部的组织成本共同决定了资产公司的规模。

（四）资产公司在资产市场中提高市场效率的功能

资产公司在节约市场交易成本功能的基础上，衍生出提高资产市场效率的功能。资产公司作为市场主体，具有发现价值和提升价值的能力，这种能力在资产交易中可以节约市场交易成本，在债权资产、股权资产等各类资产市场中表现为对市场运行效率的提高。

从不良资产收购看，资产公司通过有限的增量资金盘活实体企业、其他金融机构的不良资产。对于不良信贷等金融资产，资产公司通过尽职调查、后续的资产运营等方式实现价值提升和增值，并实现收益，提高了不良信贷等金融资产的交易效率，有助于发现不良信贷资产的内在价值。资产公司通过参与竞价交易，收购信托公司、证券公司等持有的存量金融资产，不仅降低了各类金融资产的交易成本，也有助于改进资产市场运行效率。对于实体企业应收账款等非金融资产，资产公司参与市场竞争并收购实体企业的应收账款，不仅帮助了实体企业获得融资，也提高了应收账款转让交易市场发现价值的运行效率。

从资产处置看，资产公司拥有强大的专业处置技术，有力地提升了房产、土地、专用设备等资产的价值，通过并购重组等技术提升企业股权价值，提高了资产市场的配置效率。资产公司在资产处置方面具有强大的人力、网络、技术等实力，通过十多年的经验积累和技术提升，盘活了大量的土地、房产等资产，通过公司治理提升、技术改造、资产重组等方式提升企业专用设备的使用价值，提升上市公司的内在价值。在债权资产方面，资产公司通过债务重组、债转股等技术，改善企业的经营效率、提高企业的运营绩效、实现债权资产保值增值。在股权资产方面，资产公司通过并购重组、投资投行等技术，在全国及全球范围内重组企业资产，改善企业的公司治理，提升企业债权内在价值，不仅整合了产业链，也实现了债权资产增值。

可以这么说，资产公司提高资产市场效率的功能，是其节约交易成本功能在资产市场的体现。尤其是资产公司具有强大的资产处置技术、丰富的资产运作经验、广泛的机构网络，可以提升专用性设备及相关企业金融资产的内在价值，提高资产市场发现资产内在价值的运行效率。

(五) 资产公司在经济体系中优化资源配置的功能

在不良资产交易中，资产公司可以解决各类金融资产及非金融资产的专用性问题，采取标准化合约等技术降低了交易的不确定性，长期从事不良资产收购处置增加了交易频率，实现了节约交易成本的功能。将参与交易的资产，从资金扩展到人力、专业技术、专用设备、土地、房产等更为广泛的资源，可以说，资产公司具有优化资源配置功能。

在收购不良资产交易中，资产公司优化了资金、金融资产、应收账款等金融资源的配置。资产公司利用自有资金或筹资的新增资金，有目标地收购银行、证券公司、信托公司等持有的债权资产、股权资产等不良金融资产，改进了资金及债权、股权等金融资产在其他各类金融机构中的配置效率。资产公司运用资金收购实体企业的应收账款，不仅帮助了实体企业获得融资，同时也优化了资金及应收账款等资产的配置效率。

在资产处置中，资产公司在资金、债权、股权、土地、房产、人力、技术、设备等更为广泛的经济领域中优化资源配置。资产公司在资产处置中具有强大的专业优势，在资产经营中提升资产价值并实现资产价值。资产公司收购的应收账款、债权、股权等资产对应的经济主体是实体企业、其他金融机构，在处置资产过程中涉及实体企业、其他金融机构的土地、房产、人力、专业技术、专用设备等资源。资产公司通过债务重组、资产重组、并购重组、投资投行等技术处置资产，实质上是资产公司有针对性地优化配置相关实体企业和其他金融机构的各类经济资源。

三 制度环境对金融资产管理公司功能的影响

这里主要研究制度环境对资产公司节约市场交易成本功能的影响。从新制度经济学角度看，资产公司节约了市场的交易成本，发挥了金融市场中交易成本节约的功能。如何促使资产公司节约交易成本，更好地发挥节约交易成本的功能，是一个重要的问题。下面从正式制度、非正式制度及制度实施机制等三个方面，分析这些制度安排对资产公司发挥节约交易成本功能的影响。

（一）正式制度对资产公司功能的影响

在新制度经济学中，正式制度，也称为正式规则，是指人们（包括政府、国家）有意识地创造的一系列政策法规，包括政治规则、经济规则和契约，共同约束着人们的行为。中国的资产公司，是一种正式制度安排，与相关的制度安排包括法律法规、监督管理、公司治理等，共同约束相关参与主体的行为。

这里主要以股份制改革后的资产公司为分析对象，分析法律安排、产权安排、经济激励安排对资产公司节约交易成本功能的影响。

1. 法律安排对资产公司功能的影响

法律法规是资产公司运行的制度环境中最高层次的制度安排，是明确资产公司法律地位并凭以规范和调整各方面关系的法律依据。成文的法律法规属于正式制度，对资产公司的运行及其发挥节约交易成本的功能起到了关键作用。

《金融资产管理公司条例》是影响资产公司经营发展的主要法律安排，已经不利于资产公司的经营和发展，也不利于资产公司发挥节约市场交易成本的功能。该条例对资产公司的目标、设立和业务范围、收购不良贷款的范围、额度和资金来源、经营管理、终止和清算等做了明确规定。但是，现实情况与此不完全相同。经过十几年的发展，资产公司的业务范围扩大了，可以收购信托、证券等其他金融机构的不良资产，也可以收购实体企业的应收账款等资产；资产公司从政策性机构向市场化主体转变，信达公司和华融公司已经完成了股份制改革，长城公司和东方公司即将完成股份制改革。资产公司也从原来的独资公司，发展为具有多种金融牌照的金融控股集团。可以说，《金融资产管理公司条例》已经不适应现在的资产公司的发展。

另外，《金融资产管理公司条例》与其他的法律法规存在冲突，这不利于资产公司发展。目前，《金融资产管理公司条例》的部分条款，与《公司法》《担保法》《合同法》《企业破产法》等存在冲突，这些加大了资产公司在市场中的交易成本。首先，法律法规的不一致性，增加了资产公司在不良资产收购和处置中与相关主体的信息沟通成本，增加了事前协议的拟定、沟通和签约决策等方面的交易成本。其次，《金融资产管理公司条例》与其他法律之间的矛盾，提高了不良资产收购和处置相关的不确定性，包括不良债权项下的抵押品转移、解冻等。交易中的不确定性增加，提高了资产公司与其他经济主体之间的交易成本。最后，资产公司相关法律法规的不确定性及冲突性，抑制了资产公司在资产专用性方面的投资。由于各个地方的监管政策存在差异，选择的法律依据不同，存在一定的寻租空间，影响了资产公司相关业务的开展和发展，大大降低了资产公司在人力、专业技术等方面的投资，不利于资产公司的发展。

2. 产权安排对资产公司功能的影响

产权安排是一个企业作为市场主体进入市场的基本前提，是由其资本结构决定的。作为新制度经济学理论体系中的组成部分，新产权理论指出，产权安排对企业绩效有关键性的影响。围绕产权安排，形成剩余控制权等一系列产权理论，充分论证产权安排对企业绩效的作用。

从历史发展看，产权安排对资产公司的发展也具有巨大的影响作用。资产公司的产权安排也是在变化的，从1999年成立时期的国有独资，到信达公司上市后的财政控股、其他资本参与的股份制结构。产权结构演变，与资产公司对市场交易成本的节约是密切联系的，与资产公司的功能发挥是分不开的。

一方面，成立之初的国有独资产权安排在特定历史环境下具有合理性。根据《金融资产管理公司条例》，资产公司的注册资本是100亿元，由财政部全额注入，资产公司的产权安排是国有独资的形式。根据设立的特殊目标及特殊职能，资产公司只能是政府所有的国有独资金融机构。在1999年成立之时，资产公司所处的国内外环境等一系列因素，决定了资产公司的国有独资产权安排是具有合理性的。首先，20世纪末亚洲金融危机爆发，亚洲各国借鉴美国重组信托公司模式，组建类似的资产管理公司处置银行业的不良资产，中国政府也借鉴国际经验，组建四家资产公司。其次，当时国有银行剥离的1.4万亿元不良资产的最终处置损失分担方案在短期内难以达成一致，需要多方协调、多部门协商，甚至还需要全国人民代表大会审议和同意。再次，多元化的产权安排是无法吸引到其他投资者的，因为其他投资者不愿意承担国有银行的不良资产处置损失。最后，资产公司在当时实质上不是一个真正意义上的企业，而是一个代理政府职能的政策性金融机构，是应对金融风险的一个特殊财务装置。

另一方面，新环境下股份制改革有助于资产公司更好地发挥金融功能。2008年国务院明确，资产公司遵循"一司一策"原则，按市场化方向进行改革试点。当前，中国经济进入新常态，要求发挥市场机制在资源配置中的基础性作用，资产公司逐步成为市场主体，按照市场化机制办事发展。这些新的环境的变化，要求资产公司及其产权安排也发展变化。首先，股份制产权安排可以更好地发挥资产公司的金融功能。多元化股份制及与之相对应的现代公司治理机制，可以促进资产公司快速应对市场反应，更好地发挥不良资产收购处置、存量资产盘活、资产管理等金融功能。其次，股份制产权安排有利于节约国有独资产权的经济代理成本。资产公司的国有独资产权安排，存在产权界定不清、监督成本高等委托代理成本，存在制度安排的效率损失，不适应新的市场化发展趋势。最后，股份制产权安排有利于资产公司更好地节约市场交易成本。股份制产权安排缩短了资产公司的决策时间和降低了资产公司决策成本，增加了资产公司不良资产收购处置规模，降低了资产公司不良资产业务有关的不确定性，可以节约与资产公司不良资产业务有关的交易成本。

3. 经济激励安排对资产公司功能的影响

在新制度经济学理论体系中，大量的文献指出经济激励制度对企业绩效存在影响。对管理者和员工的经济激励制度安排，无疑对资产公司的运行具有巨大影响。从1999年成立以来，资产公司的经济激励制度也发生了变化，这些变化与资产公司的股份制改革和市场化改革是相伴随的。经济激励制度安排及其变化，影响资产公司的经营绩效，也影响资产公司的金融功能发挥。

在政策性不良资产处置阶段，资产公司经济激励安排主要与不良资产的现金流存在密切关系，引导资产公司尽快处置不良资产并回收现金。从1999年成立到2000年，资产公司的经济激励安排包括工资和费用两部分，前者比照原国有商业银行员工等级工资制度，后者包括业务费用、管理费用、人员费用，每年进行核定批准。2001~2003年，大规模处置银行业不良资产，增加了现金流的激励内容，即在年回收的现金扣除各项费用之后的基础上提取1%~1.2%的奖金用于职工奖励。2004~2005年，在前面激励制度的基础上，实行"两率"（现金回收率和现金费用率）目标管理，并要求四家资产公司在2006年底以前处置完债权不良资产。2005~2006年，又新建立以"两率"目标管理为主要内容的政策性债转股形成的股权资产处置回收目标责任制。从 1999 年到 2006 年底，以现金流为核心的经济激励制度，有助于资产公司最大化地尽快回收现金，有利于资产公司发挥国有金融资产保全功能。

完成股份制改革之后，以现金流为核心的经济激励制度不再适合资产公司的发展要求。首先，资产公司逐步转型为市场主体，不再是政府的特殊财务机构，原先的考核及经济激励制度并不适应。其次，资产公司的业务范围和业务自主权扩大，已经成为一个自负盈亏的独立经营主体。资产公司员工的收入应该与企业的利润、劳动力市场工资水平等相关。最后，按照市场化改革要求，股份制改造后资产公司的经济激励制度应该由其董事会决定，应该是一种有利于资产公司市场化发展的新的激励制度。

（二）非正式制度对资产公司功能的影响

非正式制度，是非正式规则，是人们在长期交往中无意识形成的，具有持续生命力，并构成代代相传的文化的一部分。非正式制度，包括社会风俗、意识形态、价值观念、声誉机制等。在新制度经济学理论中，非正式制度与正式制度一起发生作用。一方面，完善的制度安排不仅包括正式制度安排，也包括非正式制度安排。只有非正式制度和正式制度实现协调运行，才能有效地实施一项制度安排。另一方面，一项制度安排也存在制度的正式部分和非正式部分，所以研究非正式制度安排是非常必要的。

这里运用新制度经济学理论，研究非正式制度对资产公司功能发挥的影响，尤其是分析非正式制度是否有助于资产公司节约不良资产市场的交易成本。

1. 社会习俗机制对资产公司功能的影响

社会习俗是非正式制度的重要组成部分，是我国民族文化的历史积淀和沿革。这里主要研究我国社会习俗中的信用，特定地研究借贷关系中的信用。我国传统社会习俗中有着良好的信用文化，比如"欠债还钱，天经地义"等。但是，对于资产公司而言，在不同的时期，面对不同的客户，受到了不同的信用待遇。这些信用问题，影响了资产公司的功能发挥，也影响了对不良资产问题的解决。

在政策性时期，资产公司面对的国有企业发生了严重的信用问题。资产公司接受并处置从国有银行转移的不良债权，并且形成新的对应债务主体国有企业。在新的债权债务关系中，资产公司是债权人，国有企业是债务人。由于国有企业的股东或实际控制人是各级政府，资产公司也是财政部全额出资的国有独资企业，在国有经济内部产生了较为明显的利益冲突。资产公司对地方国有企业的债务清收，相当于地方政府与中央政府的财政收入再分配。因此，地方政府及地方国有企业有动机实施"赖账"行为。国有企业的"赖账"行为，不利于资产公司清收现金，加大了资产公司处置不良资产的交易成本。

在商业化时期，资产公司逐步完成了市场主体的转变，可以自主地收购和处置不良资产。作为市场主体，资产公司受到经营约束，会主动加强交易之前的信息收集，加强尽职调查，并在交易过程中采取讨价还价等措施，最后决策是否收购不良资产。同时，随着我国征信体系的不断完善，各类市场主体的征信记录可得，有助于资产公司了解潜在债务人的信用状况。一方面，征信体系的建立和完善，有助于改变国有企业"赖账"行为。另一方面，随着市场化转型，资产公司开始实施自主经营，并加强信息收集和分析，这有利于降低资产公司与潜在债务人的交易成本。

随着社会征信体系等一系列正式制度的发展，"赖账"行为等逐步得到转变，这些有助于降低资产公司与潜在债务人之间的交易成本。

2. 市场声誉机制对资产公司功能的影响

市场声誉是一个市场主体在市场交易中的行为和表现，以及其他市场主体对其行为和表现的评价。在新制度经济学中，市场声誉影响其他市场主体的潜在行为。在一个典型的债权债务关系中，债务人的市场声誉，不仅影响到他再次借款的可得性，还影响他借款的成本。资产公司通过收购不良资产，成为新的债权人，从而需要关注新的债务人的市场声誉。潜在的或新的债务人的市场声誉，影响到资产的清收、再投资等决策，也影响到资产公司的收购决策。

在政策性时期，市场声誉机制不完善不利于资产公司节约交易成本。市场声誉机制不完善主要在于惩罚机制的不完善。本杰明·克莱因教授在《契约激励：契约条款在确保履约中的作用》中指出，交易对手在违反契约条款时，受到惩罚的机制主要包括：一是终止和交易对手的关系，给对方造成损失；二是使交易对手的市场声誉贬值，使得未来潜在的交易者了解其前科，并不相信其承诺。由于不良资产的特殊性，负债企业已经难以维系，国有银行及资产公司的终止交易，这种惩罚机制没有效果。同时，当时的征信体系不完善，债务人再次违反契约条款，难以被记录或者难以在短时期内得到传播，从而降低了惩罚机制的作用。

在商业化时期，市场声誉机制逐步完善有助于推进资产公司节约交易成本。一方面，社会征信体系逐步完善，债务人违反契约的信息被记录，并被借助系统及互联网快速传播，加大了债务人的违反契约成本，惩罚机制发挥作用。另一方面，市场经济的理念逐渐深入人心，增强了市场主体对信用的重视，社会媒体等宣传珍惜信用，这些都有利于市场声誉机制发挥作用。根据不良资产分类，资产公司加强与市场声誉良好的债务人发生交易，降低了交易的不确定性，有利于节约不良资产收购处置中的交易成本。

（三）制度实施机制对资产公司功能的影响

制度实施机制是指一个国家做出一项正式制度安排后，为实现制度安排绩效而成立一种社会组织或机构，对违反或执行制度的人做出相应的惩罚或奖励，从而使这些约束和激励得以实施的条件和手段的总称。在新制度经济学理论中，制度实施机制与正式制度安排、非正式制度安排一起影响经济主体的运行绩效。一方面，制度实施机制与正式制度、非正式制度的激励相容程度，决定了一项制度安排的实际效果。另一方面，制度实施机制健全，增加了交易者之间的违约成本，促进交易者履行契约，降低了交易的不确定性，进而降低了市场交易的交易成本。

资产公司的运行绩效和功能发挥，不仅受到正式制度、非正式制度的影响，还受到制度实施机制的影响。一方面，相关政府部门的监督管理，以及法院等一系列制度实施机制，保障资产公司在不良资产市场交易中履行相关的契约，降低其他交易者的不确定性。另一方面，债务企业等与资产公司相关的交易主体，受到法院等制度实施机制的影响，提高其违约成本，降低资产公司参与交易的不确定性，提高资产公司的运行效率。这里主要研究监管机制和法院机制对资产公司功能的影响。

1. 法院机制对资产公司功能的影响

法院机制是国家制度中最为重要的制度实施机制之一。国家的司法制度，尤其是法院机制，是维护社会公平正义的主要工具，也是国家保障契约执行的主要工具。法律的精髓是公正，法院工作的核心在于公正执法。在我国，最高人民法院的主要职责是，审判法律、法令规定由最高人民法院管辖和它认为应当由自己审判的第一审案件；对高级人民法院、专门人民法院判决、裁定不服的上诉和抗诉案件；最高人民检察院按照审判监督程序提出的抗诉案件；监督地方各级人民法院和专门人民法院的审判工作；对各级人民法院已经发生法律效力的判决、裁定，如果发现确有错误，有权提审或指令下级法院再审；对刑法分则没有明文规定的犯罪，在适用类推上，有核准权；对在审判过程中如何具体应用法律等问题，进行解释。地方人民法院的主要职责是，依法审判本院管辖的民事、行政等案件，依法受理国家赔偿案件和决定国家赔偿，依法执行已发生法律效力的判决、裁定以及国家行政机关依法申请执行的案件等。

法院机制从司法依据和案例审理两个角度影响资产公司的运行绩效和功能发挥。一方面，法院依据国家有关法律法规和政策出台司法解释，为资产公司参与不良资产市场交易提供法律依据，降低不良资产交易的不确定性，保障资产公司与其他交易者之间的契约履行，进而促进资产公司提高不良资产收购和处置规模，可以有效地降低资产公司的交易成本。另一方面，各级地方法院受理资产公司诉讼案件，并按照法律法规进行公正判决并落实执行，这直接关系资产公司在不良资产交易中的风险和收益。法院机制在案件判决和执行中的司法效率，直接影响资产公司参与不良资产交易中的风险预期。无论是法律依据，还是案例审理，司法效率的提高，都有助于降低资产公司在不良资产交易中的不确定性，加强不良资产交易中的一系列契约执行，可以降低资产公司在市场中的交易成本，更好地发挥资产公司的金融功能。

2. 监管机制对资产公司功能的影响

监管机制是指国家有关部门根据法律法规，对资产公司的业务经营活动进行监督管理。监督机制是制度实施机制的重要组成部分，对资产公司的运行绩效和功能发挥起到重要作用。

在政策性时期，资产公司设立监事会，由财政部、人民银行、审计署、证监会、相应的不良资产剥离银行、外部专业人士、公司管理人员及员工代表组成。同时，资产公司由人民银行负责监管（2003年后为银监会），其他业务主管部门监管人民银行监管内容以外的金融业务，财政部负责财务管理。这种监管机制符合资产公司在政策性时期作为国有独资企业的内在特点，可以快速传导政府的政策意图，大规模地接受和处置不良资产，并尽可能地回收现金。

但是，在商业化时期，之前的监管机制已经不能完全适应资产公司的改革和发展。由于资产公司转变为市场主体，并且自负盈亏，需要满足客户的金融需求，需要外界的监管机制也要做出相应的变化。一方面，资产公司转变为股份制企业，内在的公司治理机制发生变化，需要与之相适应的新的制度实施机制出现，帮助资产公司更好地节约不良资产市场的交易成本。另一方面，原有的监管体制不利于资产公司发挥金融功能。资产公司已经是金融控股集团，拥有银行、证券、保险、信托等各类金融牌照，已经是实质上的混业经营的金融控股集团。从业务创新看，原有的监管机制不利于资产公司充分发挥业务创新功能，也不利于资产公司充分发挥资产管理功能。从经济激励看，原有的监管体制难以最大限度地吸引优秀人才充实到资产公司，不利于提高资产公司的创新力和市场竞争力。

四　小结

从交易和交易成本的角度，运用新制度经济学的分析框架，解剖金融资产管理公司的金融功能，将金融资产管理公司作为一种制度安排，探寻其降低交易成本的内在逻辑。从交易成本的角度，研究金融资产管理公司的制度性质，并据此展示金融资产管理公司节约市场交易成本功能的内在特征。

首先，提出资产公司的制度属性。梳理新制度经济学的发展历史，发现新制度经济学体系并没有统一的研究范式，其中交易成本经济学是一种主要的分析范式。交易成本是交易成本经济学的核心，受到交易的特性影响，包括资产专用性、不确定性和交易频率。资产公司是一种制度安排，因此，交易成本是分析资产公司金融功能的有力工具。

其次，分析资产公司在不良资产交易、处置及其他资源配置市场中节约交易成本。从资产专用性、不确定性和交易频率三个维度，研究不良资产的交易特性。围绕不良资产，分析不良资产交易、处置等环节的事前、事中、事后成本。从不良资产市场看，资产公司节约了不良资产交易、处置市场的交易成本，提高了金融体系的运行效率。从资产市场看，资产公司推动涉及不良资产处置的债权、土地、房产等市场降低交易成本，提高了相关的债权、土地、房产等资产市场的运行效率。从资源配置看，不良资产及问题实体企业、问题金融机构等涉及资金、人力、专业技术、专用设备、土地、房产等更为广泛的资源，资产公司可以提高这些资源的配置效率。

最后，分析制度环境对资产公司节约交易成本功能的影响。从正式制度看，法律安排深刻地影响到资产公司功能的赋予，产权安排、经济激励安排决定了资产公司的所有制性质及考核机制，这些都影响资产公司的功能发挥。从非正式制度安排看，信用等社会习俗及市场声誉机制，影响到不良资产等各类资产的交易成本，影响资产公司的功能发挥。从制度实施机制看，法院机制和监管机制不仅影响资产公司的功能范围，也影响其功能发挥。

第五章 金融资产管理公司在金融组织体系中的功能比较

本章主要研究金融资产管理公司在中国金融组织体系中的位置，并比较它与其他商业性金融机构、保障性金融机构的差异。从金融功能和制度因素等角度，分析金融资产管理公司与其他金融组织的差异。

一 中国金融组织体系的基本情况

整体描述我国金融组织体系的方法有很多，但是难以突出金融资产管理公司的功能。在总结经典教科书中的教科书式划分法、央行划分法、行政划分法的基础上，本章提出了新的划分方法，即功能划分法，较好地突出了金融资产管理公司的功能。

（一）教科书式划分法

严格地界定金融及金融组织体系是不容易的。根据主流教材《金融学》（黄达，2009），金融的范围大体包括：与物价有紧密联系的货币流通、银行和非银行金融机构体系、短期资金拆借市场、资本市场、保险系统,以及国际金融领域等。围绕上述金融范围,并以金融业务为主要收入来源的组织,构成了中国现在的金融组织体系。按照上述金融范围的界定,中国金融组织体系包括:与本币流通相关的商业银行、财务公司、信托公司、金融资产管理公司,与债券、股票等资本发行、交易相关的证券公司、资产管理公司(证监会监管)等,与保险有关的保险公司、保险经纪公司、保险资产管理公司等,与外币信用有关的跨国信用卡公司等。其中,金融资产管理公司与银行类似,被划分为与本币流通相关的金融机构,这种分类方式很难突出金融资产管理公司的特性。

(二)央行划分法

根据中国人民银行对金融机构的分类,这里提供一个较为宽泛的金融组织体系。按照《中国人民银行关于印发〈金融机构编码规范〉的通知》(银发〔2009〕363号),我国金融机构体系划分为两级:第一级分为9类,包括货币当局、监管当局、银行业机构、证券业机构、保险业机构、交易及结算类金融机构、金融控股公司、其他等;第二级是具体的机构类别,包括一行一局三会、商业银行、证券公司、保险公司等(见表5-1)。从中国人民银行的分类看,我国金融机构体系可以划分为监督管理机构和商业金融机构,前者主要是一行一局三会、交易及结算类金融机构,后者是广泛的商业银行、证券公司、保险公司、小额贷款公司等。其中,金融资产管理公司是商业性金融机构,归类在银行业非存款类金融机构。

表 5-1 金融组织体系概况

一级分类	二级分类	典型机构
A-货币当局	1-中国人民银行 2-国家外汇管理局	
B-监管当局	1-中国银行业监督管理委员会 2-中国证券监督管理委员会 3-中国保险监督管理委员会	
C-银行业存款类金融机构	1-银行 2-城市信用合作社(含联社)① 3-农村信用合作社(含联社)② 4-农村资金互助社 5-财务公司	中国工商银行 宁波东海银行 四川省农村信用社联合社 吉林省梨树县闫家村百信农村资金互助社 中国石化财务有限责任公司
D-银行业非存款类金融机构	1-信托公司 2-金融资产管理公司 3-金融租赁公司 4-汽车金融公司 5-贷款公司 6-货币经纪公司	中信信托 中国长城资产管理公司 兴业金融租赁有限责任公司 一汽汽车金融有限公司 海尔消费金融公司 上海国际货币经纪公司
E-证券业金融机构	1-证券公司 2-证券投资基金管理公司 3-期货公司 4-投资咨询公司	长城国瑞证券公司 华夏基金管理有限公司 安粮期货有限公司 上海荣正投资咨询有限公司
F-保险业金融机构	1-财产保险公司 2-人身保险公司 3-再保险公司 4-保险资产管理公司 5-保险经纪公司 6-保险代理公司 7-保险公估公司 8-企业年金	中国人民财产保险股份有限公司 中国人民人寿保险股份有限公司 中国财产再保险有限责任公司 中国人保资产管理股份有限公司 华泰保险经纪有限公司 中佳保险代理公司 民太安保险公估集团股份有限公司 长江养老保险股份有限公司
G-交易及结算类金融机构	1-交易所 2-登记结算类机构	上海证券交易所 中国证券登记结算有限责任公司
H-金融控股公司	1-中央金融控股公司 2-其他金融控股公司	中央汇金投资有限责任公司 中国平安保险股份有限公司
Z-其他	1-小额贷款公司	合肥德善小额贷款股份有限公司

注：①基本改革为城市商业银行；②基本改革为农村商业银行。

但是，这种分类方式并没有完全覆盖我国的金融组织体系，仅体现了金融资产管理公司一般的商业性质。

（三）行政划分法

根据我国金融运行的实际情况，基于行政视角，将我国金融组织体系划分为政府管理部门、政府辅助部门、非营利性金融机构、商业性金融机构，前两者具有管理性质，最后者是市场商业主体。在我国金融组织体系中，金融管理的政府部门除了一行一局三会以外，还涉及国家发改委、财政部、商务部等；政府辅助部门，包括事业单位、社会团体法人，前者包括中国人民银行征信中心等事业单位，后者包括金融子行业协会，如中国银行业协会、中国证券业协会；非营利性金融机构，主要是从事金融业务的非营利性企业，比如中国印钞造币总公司；商业性金融机构，主要是提供金融服务并以盈利为目的的企业，包括商业银行、证券公司、金融资产管理公司等。

与中国人民银行两级分类相比，按行政性质划分的分类方式，可以更好地全面概览我国金融组织体系。这两类分类方式，均将金融资产管理公司划分在商业性金融机构，与一般性的商业银行、证券公司、保险公司无法区别，也与一般性的商业性质的资产管理公司无法区别。这里需要一种新的划分金融组织体系的方法，便于体现出金融资产管理公司的独特金融功能。

（四）功能划分法

2008年国务院明确提出资产公司按市场化方向进行改革转型，但是这并不仅仅体现资产公司的商业性营利性质。自1999年成立以来，资产公司对处理不良资产、促进国有银行和国有企业的改革和发展做出了重要贡献，用实践证明自己具有的防范和化解金融风险功能，以及盘活存量资产的金融功能。这说明，资产公司不仅仅是商业性金融机构，更拥有盘活存量资产的独特性质，也具有防范和化解金融风险的保障性质。

这里以资产公司为核心，采用功能划分法，根据功能差异，从三个层次划分中国金融组织体系，即金融监管部门、金融保障性机构、商业性金融机构。其中，金融监管部门，主要包括与金融有关的政府部门及辅助性部门；金融保障性机构，主要是指防范和化解金融子系统或局部性风险的金融组织；商业性金融机构，主要是指以盈利为目的的市场经营主体。以信托行业为例，对应的金融监管部门主要是中国银行业监督管理委员会、中国信托业协会，对应的金融保障性机构主要是中国信托业保障基金有限责任公司，对应的商业性金融机构是信托公司，如中信信托有限责任公司、中铁信托有限责任公司等。

十几年的发展实践表明，资产公司具有两方面的独特功能。一方面，与一般性的商业性金融机构，包括商业银行、证券公司、信托公司相比，资产公司具有盘活存量资产的金融功能。另一方面，与保障性金融机构，包括中国信托业保障基金有限责任公司等相比，资产公司具有防范和化解金融风险的比较优势，包括化解系统性风险、快速处置不良资产等技术优势。

二 金融资产管理公司与商业性金融机构的功能比较

根据前面的研究，金融资产管理公司的金融功能主要有以下三个方面。首先，从微观市场视角看，资产公司对银行发挥收购不良资产、改进效率、托管及救助等作用，对实体企业发挥价值提升、存量资产再配置、托管及救助等作用，对政府在国有资产保全、防范和化解系统性风险、经济增长及促进就业等方面发挥作用。其次，从金融功能观视角看，资产公司具有系统性风险处置、逆周期、金融救助及重整、非典型的宏观审慎政策工具、盘活存量资产、资产管理、融合创新、综合金融服务等功能。最后，从新制度经济学视角看，资产公司在金融组织体系中发挥了独特的节约不良资产市场交易成本功能。

由此可见，资产公司是一类独特的金融组织，与现存的商业银行、证券公司、保险公司及其他金融组织相比具有差异性的金融功能。通过增量和存量、顺周期与逆周期等视角，可以更好地比较并突出资产公司的金融功能。

（一）与商业银行的功能比较

在中国的金融组织体系中，商业银行承担的基本金融功能主要包括以下五项。一是充当信用中介功能。商业银行以货币资本实际贷出者和借入者中介人的身份出现，是它最为显著的特点。通过吸收存款，商业银行动员和集中社会上闲置的货币资本，然后通过贷款或投资方式将这些货币资本提供给经营实业的产业企业使用，这样商业银行就承担起了货币资本借入和贷出的中间人功能。二是资本形成功能。商业银行将原来预定用于消费的储蓄和收入汇集起来，并转化为货币资本提供给实体企业使用，扩大社会资本总额。三是信用流通工具创造功能。商业银行通过存款准备金制度承担存款货币的创造功能。四是支付中介功能。通过账户开立与结算，商业银行充当货币结算和货币支付的中介，加速资本流转。五是金融服务功能。通过代理业务，商业银行为客户提供各类理财、保险、证券、基金等综合性质的金融服务。

比较资产公司与商业银行的金融功能，总体上存在差异，也存在不可替代的互补。成立以来，资产公司与商业银行的合作不断，并相互加深合作。比如，2013 年 1 月信达资产与上海银行签署战略合作协议，加强资产管理、投行业务、银银合作等合作，实现资源、渠道、客户等共享，共同服务社会经济发展。近期，四家资产公司与各大银行通力合作，发挥出功能互补优势。

首先，资产公司收购处置其他金融机构的不良资产，并提高其他金融机构的经营效率，托管并重整问题金融机构。例如，华融资产重组了湘江银行，长城资产收购并重组了陷入困境的德阳银行。资产公司与商业银行是业务合作关系，并且资产公司的服务超出了商业银行，还包括证券公司、信托公司等。目前，资产公司成为控股金融集团，不仅控股商业银行，而且与其他外部商业银行开展更为广泛的合作。

其次，资产公司和商业银行主要参与的资产市场类型不同。商业银行主要是形成货币资本，承担货币资本的中介功能。资产公司则主要参与不良资产收购市场，以及与处置不良资产相关的其他资产市场，包括股票市场、固定收益市场等。同时，资产公司通过阶段性投资业务，开展了非上市公司的股权投资、适合增资的并购重组业务、陷入困境公司的债转股等，也参与并介入房产、土地等实物资产领域。例如，信达资产不仅拥有介入房地产市场运作的信达房产，还控制了参与股权投资的信达资本，以及各类私募基金等。

再次，资产公司与商业银行的风险偏好不同，表现为风险承担与风险定价不同,具体表现为服务的客户主体及项目存在差异,但是也可以表现为客户及项目服务互补。资产公司的经营资金主要来源于大型商业银行,这抬高了资产公司的出资资金利率,客观上提高了资产公司的风险偏好。从客户的角度看,实体企业可能优先考虑银行,在融资条件受限情况下才会考虑从资产公司获得资金。在不良资产收购处置、债转股等方面,资产公司比银行更具有优势,也面临着更大的经营风险。

最后,资产公司通过收购和处置不良资产等技术,承担防范和化解系统性金融风险、盘活存量资产等功能,而商业银行主要承担货币资本借贷、支付中介等功能,具有明显的差别。1999年我国成立四家资产公司的主要目标在于防范和化解金融风险,经过十几年的不断发展,资产公司加强盘活实体企业应收账款、其他金融机构信贷资产等存量性质的不良资产,使自身盘活存量资产功能日益强大。

(二) 与证券公司的功能比较

根据金融中介功能观,证券公司(又称"投资银行")有自身的资源配置功能,主要包括融资中介、信息中介、财富中介和配置中介等功能(李迅雷、李明亮,2014)。其中,融资中介功能主要是指证券公司的直接融资中介功能,帮助其他企业IPO、再融资等;信息中介功能主要是指证券公司的投资顾问功能;财富中介功能是指证券公司发行各类资产管理产品,帮助客户管理财富,达到保值增值的目标;配置中介功能是指证券公司通过并购重组等手段帮助其他企业在更为宽广的时间和空间范围内配置资源。目前,在金融组织体系中,我国证券公司主要侧重于融资中介和信息中介功能,财富中介和配置中介功能正在发展。

比较资产公司与证券公司的金融功能,主要存在以下三个方面。一是资产公司已经发展为金融控股公司,已经收购或控股了证券公司,基本上拥有了证券公司所具备的金融功能。比如,华融公司、长城公司、东方公司、信达公司分别控股了华融证券、东兴证券、长城国瑞证券、信达证券。二是资产公司母公司以不良资产收购处置为主要业务,并承担了防范和化解金融风险的功能,在收购和处置不良资产的过程中,已经发挥了融资中介、信息中介、财富中介和配置中介等功能,但是各自发挥的领域存在差异。三是资产公司母公司专注于存量资产的处置,资产公司控股的证券公司也是围绕不良资产等存量资产的处置发挥作用,这与单纯的证券公司发挥功能的领域存在本质差异。

(三) 与保险公司的功能比较

保险公司的功能主要指保险的金融功能。在我国金融体系中,现代保险主要具有保障、资金中介、社会管理等功能(中国保监会武汉保监办课题组,2003)。其中,保障功能是指分散风险、经济补偿或给付、促进社会安定等,是保险与生俱来的核心功能,体现了保险、保险公司及保险行业的本质,与商业银行、证券公司之间存在显著差异性特征。资金中介功能是指保险公司积聚资金、形成资本并运用资金,是保险的保障功能的衍生功能,并服务于保障功能。比如,我国保险资产管理公司推出的各类资产管理计划,吸收资金并投资于不动产、基础设施建设、企业股权等。社会管理功能也是在保险的保障功能基础上衍生的功能,并为保障功能服务,主要是指保险公司通过保险及保险业务,减少社会主体之间的经济纠纷、参与管理社会风险、完善社会保障制度等。目前，我国保险公司的保障功能得到有效发挥，资金中介功能和社会管理功能正在加快发展。

比较资产公司与保险公司的金融功能，主要存在以下三个方面。一是资产公司主要是防范和化解金融风险，与保险公司的参与管理社会风险不一样。资产公司借助并购重组、投资投行等技术，通过收购处置不良资产，防范和化解其他金融机构和实体企业的金融风险。保险公司经营的风险，主要是指人身、财产等面临的社会风险，并积极配合社会有关部门做好防灾防损救灾的工作。二是资产公司以盘活存量资产为主要功能，并辅以新增资金服务存量资产提升价值，与保险公司的资金中介不同。保险公司汇集资金并运用资金，本质上与商业银行的货币资金中介功能类似，是在新增资产上起作用，与资产公司的盘活存量资产存在显著差异。三是资产公司的综合金融服务、资产管理、融合创新等功能，本质上发挥着金融功能，与保险的社会管理功能不在同一个领域。

（四）与其他资产管理公司比较

依照金融监管规则，将资产管理公司划分为需要颁发金融监管牌照的资产管理公司，和在工商管理机构登记的普通资产管理公司。目前，需要颁发金融监管牌照的资产管理公司主要是一行三会监管的资产管理公司，比如银监会监管的银行系资产管理公司、证监会监管的券商系资产管理公司、保监会监管的保险系资产管理公司。在工商管理机构登记的普通资产管理管理公司，主要是一般性的投融资公司。

金融资产管理公司与其他类型的资产管理公司存在较大的区

别。首先，其他类型的资产管理公司主要承担资本中介的功能。具有金融牌照的资产管理公司，或者一般性的资产管理公司，主要是将发行资产管理产品汇集的资金，或者自有资本资金，通过资金运用，投入其他企业的债权或股权。这些与金融资产管理公司的化解金融风险功能和存量资产盘活功能相去甚远。其次，金融资产管理公司与"一行三会"监管的其他资产管理公司，存在本质差别。后者服务于特定行业的金融机构。商业银行控股的资产管理公司主要在货币市场、债券市场和信贷市场承担资本中介功能，服务于商业银行的综合金融服务功能。与此类似，证券公司控股的资产管理公司、保险公司控股的资产管理公司分别服务于证券公司和保险公司的综合金融服务功能。但是，金融资产管理公司为了更好地发挥化解金融风险功能和存量资产盘活功能，反而控股商业银行、证券公司、保险公司及其他类型的资产管理公司。最后，金融资产管理公司比其他类型的资产管理公司的功能要强大丰富得多。自1999年成立至今，金融资产管理公司处理了大量的不良资产，积累了丰富的经验，发挥了防范和化解金融风险功能，并进一步发挥了盘活存量资产功能。

三 金融资产管理公司与保障性金融机构的功能比较

目前，其他专职于金融体系保障功能的金融组织或金融机构，主要是存款保险基金和中国信托业保障基金有限责任公司。根据《存款保险条例》（中华人民共和国国务院令第660号），存款保险基金及存款保险制度的主要功能是依法保护存款人的合法权益，及时防范和化解金融风险、维护金融稳定，存款保险基金资金的主要来源是投保机构缴纳的保费。

中国信托业保障基金公司是经国务院同意,由中国银监会批准成立并负责监管的银行业金融机构,由中国信托业协会联合13家信托公司共同出资,已经由中国银监会正式批准于2014年12月19日成立。中国信托业保障基金公司作为保障基金的管理人,负责保障基金的筹集、管理和使用,以化解和处置信托业风险为主要任务和目标。由此可见,存款保险基金的功能主要是防范和化解金融风险、维护金融稳定,中国信托业保障基金公司的功能主要是化解和处置信托业风险。

金融资产管理公司与存款保险基金的功能存在差异。首先,资产公司的功能较存款保险基金的功能要丰富。存款保险基金及存款保险制度的主要功能是防范和化解金融风险、维护金融稳定。但是,资产公司的金融功能不仅是防范和化解金融风险、维护金融稳定,还包括盘活存量资产功能,以及其他的衍生功能,包括资产管理功能、融合创新功能、综合金融服务功能等。其次,资产公司的作用对象比存款保险基金的作用对象范围要广。存款保险基金主要针对银行业的金融风险,防范和化解破产商业银行的金融风险,资产公司防范和化解风险的范围,不局限于商业银行,也包括证券公司、困难实体企业等。最后,与存款保险基金相比,资产公司发挥金融功能的能力要更加强大。资产公司具有十多年积累的不良资产处置技术,拥有大量的处置金融风险的专业人才、遍布全国的组织机构和各类金融平台,具有强大的风险处置能力。

金融资产管理公司与中国信托业保障基金公司的功能差异与上述类似。一是资产公司与信托业保障基金公司发挥功能的作用对象范围不同。信托业保障基金公司主要是针对信托行业中的信托公司，但是资产公司发挥防范和化解金融风险、盘活存量资产等功能的作用对象，不仅包括信托公司，还包括商业银行、证券公司、实体企业等。二是资产公司与信托业保障基金公司存在功能范围差异。资产公司的金融功能非常丰富，成立以来发挥了防范和化解系统性金融风险、盘活存量资产等功能，对商业银行等金融机构和国有企业的改革发展起到了重要作用，也发挥了维护社会稳定的功能。信托业保障基金公司成立不久，主要是化解和处置信托业风险、维护信托行业的稳定发展。三是资产公司与信托业保障基金公司发挥金融功能的影响因素不同。与信托业保障基金公司相比，资产公司具有遍布全国的分支机构和各类平台金融公司，拥有经验丰富的专业技术人才，还具备广泛的资金来源等优势。

四　小结

采用多种方法描述我国金融组织体系，在此基础上总结并提出了新的功能划分法，有效地刻画了资产公司与商业性金融机构、保障性金融机构的功能差异，清晰地展现出资产公司在我国金融组织体系中的位置及独特性。

一是功能划分法有助于突出资产公司在我国金融组织体系中的金融功能。经典的金融学教科书将资产公司与银行混同为经营本币资金流通的金融机构，央行划分法将资产公司归类为银行业非存款类金融机构，行政划分法将资产公司归类为包括银行、券商、信托等在内的商业性金融机构，这些金融组织划分办法无法体现资产公司的金融功能。根据现有的研究成果，本章提出了新的划分办法，从功能上将我国金融组织体系划分为金融监管部门、商业性金融机构和保障性金融机构，为明确资产公司在我国金融组织体系中的地位提供了坐标。

二是比较了资产公司与银行、证券、保险等其他金融机构的功能差异。与银行相比，资产公司侧重于对其他金融机构改进效率、托管清算等，资产公司关注的资产市场领域不同，具有盘活存量不良资产的特殊功能。与券商相比，资产公司更加专注存量资产的经营，比券商具有更加广泛的金融功能，在不良资产收购、经营中发挥了融资中介、信息中介、配置中介等功能。与保险相比，资产公司在控股保险企业的基础上，发挥着防范和化解金融风险功能，具有盘活存量资产、资产管理、融合创新等众多功能。与不持有金融许可的一般性资产管理公司相比，资产公司具有强大而广泛的金融功能。

三是比较了资产公司与存款保险基金、中国信托业保障基金有限责任公司的功能差异。与存款保险基金不同，资产公司的功能更丰富、作用对象范围更广，发挥金融功能的能力更加强大。资产公司的金融功能不仅是防范和化解金融风险、维护金融稳定，还包括盘活存量资产功能、资产管理功能、融合创新功能、综合金融服务功能等，作用的范围包括其他金融机构、实体企业及社会个人，具有专业的技术、团队及分支机构。与中国信托业保障基金公司相比，资产公司发挥功能的作用对象范围不同，也存在功能范围差异，发挥金融功能的影响因素也不同。

第六章 金融资产管理公司在金融组织体系中的功能演进

——以中国长城资产管理公司为例

本章分析资产公司在我国金融组织体系中发挥金融功能的历史演进,主要以长城公司作为案例进行研究。在前面资产公司金融功能的研究基础上,研究长城公司发挥金融功能的历史变迁、功能演变的内在原因,以及长城公司金融功能的未来定位。

一 长城公司金融功能的历史变迁

自1999年成立以来,中国长城资产管理公司主要经历了三个发展阶段。一是在政策性经营时期(1999~2006年),长城公司是具有独立法人资格的国有独资金融企业,属于政策性金融机构,主要任务是收购、管理、处置中国农业银行剥离的不良资产,以最大限度地保全资产、减少损失为主要经营目标。二是在商业化过渡时期(2007~2009年),长城公司根据2007年初召开的第三次全国金融工作会议精神,确定了自主商业化转型发展的道路,首次将利润作为业务经营的核心目标,结合工行包的经营运作和新业务拓展，制定了《2008~2010年公司经营规划》，积极探索可持续发展的业务模式和盈利模式。三是在商业化发展时期（2010年至今），在全面总结转型过渡期经验的基础上，从"一司一策"和差异化发展的角度出发，提出"以不良资产经营管理为主业，以中小企业综合金融服务为特色，以金融平台业务为支撑"的市场定位，并制定了《公司2010~2012年发展规划纲要》。2016年11月25日，中国长城资产管理公司改制为中国长城资产管理股份有限公司，由财政部、全国社会保障基金理事会、中国人寿保险（集团）公司共同发起设立，公司注册资本为431.5亿元以上。2016年12月11日，中国长城资产管理股份有限公司在北京正式挂牌成立，标志着我国四大金融资产管理公司股份制改革成功收官，是我国深化国有金融机构改革的重要成果。

长城公司在自成立以来的十几年时间内发挥的金融功能也不完全相同。从三个发展时期看，长城公司在各个时期所发挥的金融功能是动态变化的。

（一）长城公司在政策性经营时期的金融功能

在政策性经营时期（1999~2006年），长城公司主要发挥了防范和化解金融风险的功能，通过收购处置不良资产起到了金融稳定器作用。

根据有关规定，长城公司与信达公司、华融公司、东方公司成立的目的是防范和化解金融风险，依法处置国有商业银行的不良资产。长城公司成立初期的主要任务是收购并经营农业银行剥离的不良资产。1999~2006年，长城公司通过各种手段处置不良资产，包括：债务追偿，资产置换、转让与销售，债务重组，企业重组，债权转股权及阶段性持股，发行债券，破产清算，资产管理范围以内的推荐企业上市和股票、债券的承销，直接投资，资产证券化等。截至 2006 年底，长城公司政策性不良资产基本处置完毕，全面完成财政部下达的经营目标，累计处置不良资产原值 3206 亿元，占购入原值的 95%；累计回收现金 334 亿元，为责任目标的 1.25 倍，完成财政部有关处置不良资产的政策性任务。在这一时期，长城公司处置了大量的不良资产，起到了系统性风险处置作用，发挥了防范和化解金融风险的功能。

长城公司通过接受商业银行的不良资产，还发挥了逆周期金融功能。在亚洲金融危机时期，长城公司于 1999 年成立后，立即对口收购了农业银行"呆滞、呆账"贷款 3485 亿元，共涉及 195 万户、475 万笔；2005 年又竞标收购了工商银行可疑类不良资产包 17 个，计 2570 亿元，占工商银行该次剥离不良资产总额的 56%；同时还参与收购了信达公司批发转让的中国银行不良资产包 64 亿元，改善了农业银行、工商银行、中国银行的资产结构和资本充足率，有助于减轻金融危机冲击。

长城公司的功能在政策性经营时期主要体现在对其他金融机构和实体企业的救助和重整上。在金融机构救助和重整方面，长城公司于 1999 年获得长城金桥金融咨询有限公司，2001 年 9 月收购香港农银投资有限公司，2006 年 4 月重组新疆租赁并于 2008 年 2 月将其变更为长城金融租赁有限公司。在实体企业救助和重整方面，长城公司于 1999 年 11 月重组重庆渝港钛白粉股份有限公司，并于 2001 年 11 月保荐渝钛白恢复上市；2000 年 8 月牵头湖南长元人造板股份有限公司债转股项目，并使它以新公司身份挂牌；2004 年 5 月，作为主承销商成功发行晋西车轴股份有限公司股票；2005 年 8

月，完成贵州信邦制药股份有限公司重组工作，该公司于2010年4月16日在深圳证券交易所成功挂牌上市；2006年9月对湖南天一科技股份有限公司进行股权改革，天一科技股票于2008年6月10日复牌交易。

长城公司在政策性经营时期通过债务追偿，资产置换、转让和销售，债转股等资产处置技术，发挥对存量资产的盘活功能。由于在政策性经营时期，主管部门对长城公司的考核主要针对现金回收率，所以长城公司主要以尽快回收现金为目标处置接受的不良资产。2000年6月，长城公司在大连举行"中国长城资产管理公司资产租赁签字仪式"，出租资产总额7643.6万元，协议租金1640.1万元。2001年5月，长城公司在第四届"中国北京高新技术产业国际周世界新经济论坛"，向社会各界和海内外客商推出金额127亿元的120个资产项目；12月，组织"全国资产拍卖周"活动，其间，参拍项目达542个，涉及资产原值49.35亿元，实际成交项目240个，成交金额2.55亿元。在以债转股技术盘活存量资产方面，2000～2005年长城公司共实施债转股123户，转股股权102.9亿元，涉及购入贷款87.2亿元，其中于2005年11月完成国投海南水泥有限公司债转股工作。

从微观市场看，长城公司在政策性经营时期对商业银行等金融机构、实体企业和政府发挥了巨大的有利作用。在对商业银行方面，长城公司接收及收购不良资产合计资产原值6000亿元左右，涉及农业银行、工商银行、中国银行、建设银行等，改善了这些商业银行的资产结构，提高了它们的资本充足水平，为这些商业银行的改革发展做出了贡献。在非银行金融机构方面，长城公司重组新疆租赁等，发挥了对问题金融机构的托管和救助作用。在实体企业方面，长城公司通过资产租赁、债务重组、投资投行等技术处置大量实体企业的存量资产，尤其是保荐渝钛白、晋西车轴、贵州信邦制药等企业上市，发挥了金融资产管理公司对实体企业的价值提升、资源再配置等功能。在对政府方面，除了救助和提升商业银行和实体企业的价值之外，长城公司于2002年9月建立希望学校并设立扶贫助教基金，履行社会责任，支持公益事业发展。此外，长城公司于2006年配合商务部实施"减债脱困工程"，推进国有流通企业债权资产处置工作，其中工行包资产涉及162户、债权总额541946万元、本金299689万元，农行包资产涉及2户、债权总额3855万元、债权本金2460万元，有助于维护社会稳定。

从新制度经济学角度看，在政策性经营时期长城公司作为一种特殊的制度安排，为不良资产交易和处置市场做出了重要贡献。首先，长城公司是一种特殊的财务制度安排，发挥了防范和化解金融风险的功能。张士学（2007）指出金融资产管理公司是一种特殊金融制度安排，长城公司作为四家金融资产管理公司之一，也是一项特殊金融制度安排。长城公司及其他三家金融资产管理公司的成立，就是为了防范和化解金融风险，依法处置国有商业银行的不良资产，从本质上看它是政府出台的一项制度安排。其次，长城公司，与其他金融资产管理公司一起，发挥了降低不良资产收购和处置市场交易成本的功能。在亚洲金融危机爆发期间，国内商业银行累积了大量的不良资产，在金融市场不完善的情况下，处置不良资产任务艰巨。长城公司接收及收购国有银行的不良资产，降低了不良资产交易市场的不确定性，增加了交易规模，有利于节约不良资产的交易成本。同时，长城公司通过债务追偿、资产重组、投资投行等处置技术，集中处置大量的不良资产，形成了有效的规模经济效应和范围经济效应，降低了资产处置中事前的搜寻成本、事中的司法成本及事后的监督成本，提高了资产处置效率。最后，长城公司发挥功能受到其他制度安排的影响。张士学（2007）指出法律安排、产权安排、激励制度安排等正式制度，社会习俗、市场声誉等非正式制度，以及法院机制、监管机制等制度实施机制都影响金融资产管理公司的运行绩效。从1999年到2006年，长城公司发挥了防范和化解金融风险的功能，完成了相关考核目标。

（二）长城公司在商业化过渡时期的金融功能

在商业化过渡时期（2007~2009年），长城公司首次将利润作为业务经营的核心目标，在继续发挥前期积累的金融功能的基础上，逐步发展综合金融服务功能。

在2007年，长城公司经营理念实现重大转变，核心目标由原来的政策性资产处置现金回收率，首次转变为业务经营的利润，通过公司上下的共同努力，全年实现账面利润1.71亿元，完成年度利润计划的114%。随着经营理念和目标的转变，长城公司的多元化业务平台开始搭建，综合金融服务功能逐步提升。2008年2月，长城公司重组并控股的新疆长城金融租赁有限公司开业；6月长城公司在天津成立新金融研发中心，发起设立天津金融资产交易所；10月长城公司与日本生命保险相互会社合资成立长生人寿保险有限公司，这是中国金融资产管理公司中唯一一家中外合资人寿保险公司。

此外，长城公司继续发挥防范和化解金融风险等金融功能。长城公司收购并处置不良资产的主业没有变化，在2008年，商业化收购华夏银行资产包本金12.8亿元、光大银行资产包本金59.6亿元,通过竞价转让方式处置中国银行资产包重点项目山东大宇汽车零部件有限公司,实现本金收回率100.35%。长城公司重组并运营长城金融租赁公司,继续发挥了金融机构救助和重整功能;通过搭建平台公司、大规模处置不良资产、加强与兰州市和天津市政府合作等,有力地提升、壮大了自身盘活存量资产的功能。

在商业化过渡时期,长城公司对商业银行等金融机构、实体企业和政府依然具有巨大的有利作用,作为一种特殊制度安排发挥了防范和化解金融风险功能。从微观市场看,长城公司继续收购华夏银行、光大银行的不良资产包,改善商业银行的资产结构;参加商务部和财政部联合组织的"减债脱困工程",支持国有企业改革发展;参加四川汶川地震救灾活动,履行企业社会责任;开展与兰州市、天津市政府合作,促进地方政府金融事业的改革和发展。从制度安排看,长城公司继续发挥防范和化解金融风险的功能,通过集中收购商业银行的不良资产包,降低不良资产市场的交易成本,推动了不良资产管理行业的健康发展。

(三) 长城公司在商业化发展时期的金融功能

在商业化发展时期(2010年至今),长城公司全面总结转型发展经验,在2011年研究制定了《公司2012~2016年中期战略发展规划》(即"五年两步走"战略),将公司的发展定位明确为"以资产经营管理为核心,以重点服务中小企业为特色,以多种综合金融服务为手段的现代金融服务企业",提出将公司打造为"专业的资产管理服务商、优秀的综合金融服务商和领先的金融创新探索者",长远奋斗目标是建设具有国际影响力的"百年金融老店"。到2013年底,长城公司圆满完成中期战略第一步"打基础、建机制"的工作,并向财政部上报了股改方案。

在商业化发展时期，长城公司加快发展，明确发展定位，壮大多元化综合金融平台，在原有金融功能的基础上，突出了资产管理、融合创新和综合金融服务等功能。

首先，打造不良资产经营的核心技术，壮大资产管理功能。成立以来，长城公司不断积累和打造不良资产经营技术，已经形成具有自身优势的资产管理技术，增强了资产管理功能。

2010年以来，长城公司全面实施精细化处置战略，着力挖掘和提升资产价值，特别是通过加强重点资源和重组项目管理，打造了酒鬼酒、岳阳恒立、长信春天、百成酒店、中国一重、光明股份、龙建路桥、齐鲁宾馆、青岛纺织包、东盛科技等一系列经典案例，并实现了信邦制药的成功上市和大幅增值。同时，积极探索开展内部估值业务，培育了一支专业化的内部估值队伍，成功开发了"金融不良资产估值模型"。在2011年中国国际金融展上，长城公司"不良资产管理与处置信息化解决方案"被授予"优秀金融服务解决方案奖"；在2012年北京国际金融博览会上，长城公司被评为"杰出金融资产管理服务商"。

其次，构建集团化金融平台体系，发挥综合金融服务功能。到2015年初，经过十几年的改革和发展，长城公司平台建设取得重大突破，"金融全牌照"格局初步形成，综合服务功能明显增强，近年来长城公司被有关方面授予"最佳综合金融服务商"等荣誉称号。

2015年，长城公司成功收购四川德阳银行和厦门证券（已经更名为"长城国瑞证券公司"），加上已经拥有的长生人寿、长城新盛信托、长城国兴租赁等，基本形成了囊括银行、证券、保险、信托、租赁等的金融"全牌照"格局。近年来，长城公司持续加大金融平台公司建设，增强综合金融服务功能。在集团内部，加强机构协同部门的领导和建设，注重集团内部的机构协同和产品协同发展，进一步加强集团体系内部的综合产品服务能力。在平台公司方面，增资长城租赁、长生人寿，推进长城租赁发债和天津金交所增资引战，长城国际获得香港证监会4号、6号和9号牌照，长城咨询获得中国人民银行"信贷市场评级"资质，天津金交所获得天津市政府"小额贷款公司资产收益权转让"资质和互联网金融创新试点，长城基金获得中国证券投资基金业协会"私募投资基金"资质。在组织体系建设方面，新设第三方资产管理部门，整合了长城投资和投资投行事业部，明确了长城置业的房地产主业定位，设立了长城宁夏业务部等，设立上海自贸区分公司。这些改革和发展措施，形成了强大的综合金融服务资源，构建了强大的综合金融服务功能。

最后，积极应对内外环境变化，提升融合创新功能。为推动公司业务发展，满足客户日益变化的金融需求，长城公司不断创新发展。

在中小企业服务业务创新方面，2011年，长城公司创新推出了"中小企业财务顾问及不良资产收购综合金融服务"等三项中小企业综合金融服务业务，随后在系统内广泛推广，带动了特色化中间业务的快速发展；2015年以来，小额贷款公司相关业务加快推广，顺利实施"金桥通"业务，加快发展"金长城"系列产品，推出天津金交所联手淘宝打造的"中国资产拍卖会"，上线发行与支付宝合作的"双诚宝"系列互联网金融产品，积极发展中小企业私募债券融资增信业务。在客户和产品方面，截至2014年末，长城公司已累计开发客户7000户，其中战略客户1000多户、重点客户2000户，包括地方政府、实体企业及国内外金融机构等，编发《创新产品标准化设置和发布工作规范》，就各条线业务推出了一系列产品标准和操作模板，进一步增加了客户服务的类型，加快推进产品标准化工作，有利于产品和业务的融合创新发展。近年来，长城公司先后被有关方面授予"最佳中小企业金融服务机构""中国中小企业首选服务商""最具创新力金融企业"等荣誉称号。

二 长城公司金融功能演进的动因

自1999年成立以来，长城公司发挥的金融功能及其具备的金融功能都发生了变化。在政策性经营时期（1999~2006年），主要发挥了防范和化解金融风险的功能，充当经济金融体系中的金融稳定器。在商业化过渡时期（2007~2009年），首次将利润作为业务经营的核心目标，逐步发展综合金融服务功能。在商业化发展时期（2010年至今），在原有金融功能的基础上，突出了资产管理、融合创新和综合金融服务等功能。在2016年底股份制改革之后，中国长城资产管理股份有限公司增强了资本实力，以更加综合的金融功能支持金融和经济发展。

长城公司金融功能的演进不仅受到外部环境的影响，还有自身发展因素。这里主要从政府层面的政策和监管、市场层面的同业竞争、客户层面的金融需求变化以及自身发展层面等四个维度，分析长城公司金融功能的变化原因。

（一）政府层面因素

一方面，政府是长城公司的实际控制人，影响长城公司改革和发展。1999年长城公司成立的主要目标是防范和化解金融风险，充当经济金融体系中的金融稳定器。在政策性经营时期，根据政府要求，长城公司主要收购并经营农业银行剥离的不良资产，同时也依法收购并处置了建设银行、工商银行等的不良资产，为国有银行和国有企业的改革发展做出了重要贡献。2007年以来，长城公司将利润作为业务经营的核心目标，突出了资产管理、融合创新和综合金融服务等功能。

另一方面，监管政策影响长城公司的业务和功能。成立之初，《金融资产管理公司条例》要求长城公司依法处理农业银行等国有银行的不良贷款，促进国有银行和国有企业的改革和发展，并规定了收购不良贷款的范围、额度及资金来源等，保障长城公司发挥防范和化解金融风险功能。随着业务发展和监管政策变化，2014年出台的《金融资产管理公司监管办法》从集团化和多元化的角度监管金融资产管理公司，对长城公司加强公司治理、风险管控、内部交易、资本充足性、财务稳健性、信息资源管理和信息披露等监管。近年来出台的监管办法，有助于长城公司发挥资产管理、综合金融服务等功能。

此外，政府作为股东实施的考核机制影响长城公司的功能发展。目前，财政部作为长城公司的出资人，对长城公司的利润考核及相应配套激励机制，影响长城公司的功能发挥。在政策性经营时期，以现金回收率为主考核和激励长城公司，促进长城公司主要以最大限度地保全资产为目标，尽快处置不良贷款，发挥防范和化解金融风险的功能。2007年商业化发展以来，尤其是近期进入股份制改革阶段，以经营利润及ROE等为考核指标，有力地推动了长城公司大力发展商业化业务，逐步壮大了资产管理功能、融合创新功能及综合金融服务功能。

（二）市场同业竞争因素

一方面，四家金融资产管理公司在政策性经营时期经营行为类似。在政策性经营时期，长城公司与华融公司、东方公司及信达公司都是政策性国有独资企业，分别对应接收并处置农业银行、工商银行、中国银行及建设银行的不良贷款，以现金净回收率为考核目标，主要业务是收购和处置不良贷款。这一时期，长城公司与其他三家资产公司共同承担了防范和化解金融风险功能。

另一方面，2007年商业化发展以来，长城公司与其他三家资产公司形成了竞争合作关系。2007年商业化改革起步，长城公司以利润为主要经营考核目标，逐步在不良资产市场中与其他三家资产公司展开同业竞争。2008年国务院明确，资产公司遵循"一司一策"原则，按市场化方向进行改革试点，加快了长城公司在金融资产管理行业中的差异化竞争。目前，长城公司在不良资产收购等业务领域，增强机构、技术和人员，提升了不良资产收购和处置的竞争力，进一步拓展了综合金融服务功能和资产管理功能。

此外，在大资产管理时代，长城公司面临的竞争性金融机构增多。从不良资产管理行业看，地方性资产管理公司、一般性资产管理公司及商业银行的投行业务部门等，从事不良资产收购和处置业务，对长城公司形成竞争压力，要不断地提高资产管理能力和客户服务能力，发展资产管理功能。从金融集团看，长城公司已经具有银行、证券、保险等金融平台公司，形成了综合性金融服务能力，同时也与现在的银行、证券、保险等机构开展全方位的竞争，要发挥金融集团和金融协同优势，提升综合金融服务功能。

(三) 客户金融需求因素

在政策性经营时期，资产公司的主要服务对象是政府、国有银行和国有企业。中央政府是资产公司的设计者和所有者，要求长城公司等资产公司防范和化解金融风险，依法处理国有不良贷款，促进国有银行和国有企业的改革和发展。长城公司主要是收购国有银行的不良贷款，同时在处置不良贷款中涉及债务人国有企业。在处置国有企业债务过程中，要兼顾现金回收率和国有企业的改革和发展，以及地方就业、社会稳定等因素。这一系列的客户需求，要求长城公司等资产公司努力发挥防范和化解金融风险功能，起到金融稳定器作用，促进社会稳定。

进入商业化发展之后，长城公司主要以经营利润为考核指标，主要服务于其他金融机构、实体企业等市场客户，要求拓展客户范围，增加客户规模，创新金融产品满足客户需求。在利率市场化、多层次资本市场建设等大背景下，企业及个人的金融需求趋于多元化，要求长城公司融合银行、证券、保险等金融平台资源，加大产品创新和技术创新力度，更好地满足日益多元化的客户金融需求。近年来，长城公司以资产经营管理为核心，以重点服务中小企业为特色，以多种综合金融服务为手段，着力增强在资产管理、融合创新、综合金融服务等方面的金融功能。

(四) 公司自身发展因素

商业化发展以来，长城公司主要以国有资本保值增值为经营目标，以商业利润为经营考核指标，进一步加强了存量资产盘活、资产管理、融合创新及综合金融服务等领域的金融功能。

2008年国务院明确，资产公司遵循"一司一策"原则，按市场化方向进行改革试点，长城公司从技术、人才、组织机构及金融平台等方面加快了市场化改革发展。在技术方面，长城公司累积并打造了不良资产经营的核心技术，形成了资产租赁、债权资产拍卖及整体出售、商业性债转股、债务重组、资产转让、并购重组、投资投行等一系列资产处置技术。同时，在不良资产经营管理的基础上，大量发展第三方资产管理业务，扩大客户范围及管理的资产规模，有效地强化了公司的资产管理功能。在人才方面，优化激励制度，激活内部公司员工创新创业的积极性，加大对外部专业技术人才的引进，设立博士后科研工作站，培养创新型人才。在组织机构方面，增设上海自贸区办事处等机构，推进办事处商业化转型，推动完善总部事业部，形成了资产经营、投资投行和资金运营三大商业化运营事业部，增强集团内部的办事处、事业部及金融平台公司的协同发展能力。在金融平台建设方面，长城公司金融全牌照格局初步形成，拥有银行、证券、保险、租赁、基金等金融平台公司，进一步提升了资产管理、融合创新和综合金融服务功能。

总体上，长城公司从单一的防范和化解金融风险功能，向多元化的盘活存量资产、资产管理、融合创新、综合金融服务等功能的转变，与自身改革和发展的内在要求是分不开的。

三 长城公司金融功能的未来定位

长城公司自成立以来发生了很多变化，包括经营目标、激励制度、外部经济金融环境等，尤其是发挥的金融功能也在动态变化。面向未来发展，长城公司应该更加注重发展以下五类金融功能，即防范和化解金融风险功能、盘活存量资产功能、资产管理功能、融合创新功能、综合金融服务功能。

(一) 防范和化解金融风险功能

长城公司的首要功能是防范和化解金融风险功能。长城公司成立就是为了防范和化解金融风险功能，依法收购和处置国有银行不良贷款，促进国有银行和国有企业的改革和发展。从1999年成立至今，经过十多年的经营和发展，长城公司依然以不良资产收购和处置为主要经营业务。长城公司的不良资产从不良贷款扩大到了应收账款、信托产品等其他不良资产，收购不良资产的交易对手从国有银行扩大到全部银行业金融机构、证券公司、保险资产管理公司等。以不良资产收购和处置为主要经营业务，决定了长城公司通过不良资产收购和处置等技术，继续发挥防范和化解金融风险功能。

从外部因素看，监管政策及市场发展也要求长城公司继续发挥防范和化解金融风险功能。从金融风险看，金融风险的根源在于经济主体的不良资产，包括银行的不良贷款，信托公司、证券公司、基金公司、保险公司等其他金融机构的不良资产，实体企业的应收账款、固定资产、未结清借贷款等，它们需要长城公司等金融资产管理公司及时收购和处置，以防范和化解金融风险。在监管方面，《金融资产管理公司条例》及《金融资产管理公司监管办法》等政策法规，进一步要求长城公司等金融资产管理公司增强防范和化解金融风险的能力。从不良资产市场看，市场失灵和资源错配等因素会不断催生不良资产，近期银行的不良贷款持续增加，实体企业的应收账款坏账增多，这些为长城公司开展不良资产收购和处置主业提供了机遇，要求它继续发挥防范和化解金融风险功能。

（二）盘活存量资产功能

长城公司的显著功能是盘活存量资产。从作用对象看，长城公司的主要业务是收购和处置不良资产，作用对象是属于存量资产范畴的不良资产。在金融组织体系中，从增量和存量角度看，银行、证券、保险、信托等金融机构主要运用债权类融资工具或股权类融资工具，以增量方式优化配置经济金融资源，但是长城公司等金融资产管理公司以存量方式，收购和处置其他金融机构和实体企业的不良资产，或通过委托管理不良资产、问题金融机构和问题实体企业等手段，盘活存量资产，促进金融资源的优化配置，化解金融风险，促进实体经济发展。与其他金融资产管理公司类似，长城公司以收购和处置不良资产为主业，在我国金融组织体系中，发挥着具有显著特点的盘活存量资产功能。

长城公司发挥盘活存量资产功能，大有可为。在金融不良资产领域，长城公司通过收购银行、证券、保险、信托等其他金融机构的不良资产，降低其他金融机构的账面不良资产或是特定资产管理产品的不良资产，提高其他金融机构或特定产品的流动性及资产质量，化解潜在的及已经形成的金融风险，并通过债务重组、债转股、破产清算等处置技术，优化债务企业的资产负债表，盘活企业的固定资产等存量资产，通过并购重组、投资投行等技术提升债务企业的资产价值，实现了盘活存量资产功能，也实现了自身的盈利目标。在非金融类不良资产领域，长城公司主要通过附加债务重组协议的方式，收购实体企业的不良应收账款等存量资产，并通过债务重组、资产重组、债转股、并购重组等方式，改善企业的资产负债表并提升企业的资产价值。

长城公司在盘活金融类和非金融类不良资产的过程中，通过债务重组、资产重组、并购重组、债转股、破产清算等处置技术，达到优化企业资产负债表及提升企业资产价值的目标，也需要运用一定的增量资金等手段，通过夹层投资、过桥贷款等金融工具，帮助各类资产提升价值、改善其他金融机构和实体企业的资产负债表。

（三）资产管理功能

长城公司的延伸金融功能包括资产管理功能。从自身发展趋势看，长城公司持续发挥防范和化解金融风险功能、盘活存量资产功能，这些与长城公司收购和处置不良资产的主营业务是分不开的。在此基础之上，适应外部环境变化和客户需求变化，长城公司将业务从不良资产的收购、管理和处置，逐步扩展到正常资产的管理。从资产类型看，正常资产和不良资产之间并不存在不可逾越的鸿沟，它们在一定时期可以相互转化，在资产管理方面也没有实质性的差异，不良资产的管理技术同样适用于正常资产的管理。随着经营目标从当初的不良资产处置现金回收率，转变到现在的经营利润，长城公司的功能从不良资产管理，扩展到包括正常资产和不良资产在内的资产管理，也是自然的延伸。

长城公司发展资产管理功能顺应了资产管理行业的发展趋势。从居民需求角度看，国家实施的收入分配制度改革及居民收入倍增计划，提高了居民的总体收入水平，高净值人群加快增长，促使居民加大对资产的保值增值需求，同时个性化、专业化、精细化的理财业务也日益增加，为长城公司开展资产管理业务和发挥资产管理功能带来巨大机遇。从企业需求看，随着利率市场化发展和多层次资本市场建设，企业的融资和投资进入多元化时代，需要更多的资产管理产品管理流动资产，也需要从多个途径吸收资金并扩大投资，加强资产管理功能有助于长城公司进一步强化服务其他企业的能力。在大资产管理时代，以银行理财、信托计划、券商资管为代表的资产管理行业蓬勃发展，长城公司在加强不良资产收购和处置业务的基础上，加快发展资产管理业务和资产管理功能顺应了时代的发展。

长城公司有条件有能力加快发展资产管理功能。首先，长城公司积累了十多年的资产收购和处置技术，具有丰富的债务重组、资产重组、并购重组、投资投行等资产管理经验，这些为发展资产管理业务和资产管理功能奠定了基础。其次，长城公司在资产管理方面加强了人才和组织等保障，加强资产管理方面的专业人才引进，成立了资产管理业务部，与分支机构和平台公司形成协同发展格局，提升了资产管理能力。最后，金融全牌照格局的形成，增强了长城公司在银行、证券、保险等多个领域的资产管理能力，并与母公司的不良资产管理形成合力，生成强大的全面资产管理能力和功能。

（四）融合创新功能

融合创新功能是长城公司的延伸金融功能之一。从服务对象看，长城公司主要服务商业银行及国有企业，现在扩展到证券公司、保险公司及信托公司等金融机构，各类实体企业，以及个人。长城公司在中小企业服务上不断创新，在客户范围扩大的基础上，加强融合创新的动力。从表内外资产管理看，长城公司主要通过收购不良资产形成表内资产，现在扩展到受托管理不良资产及正常资产，形成了全面资产管理体系，扩大了融合创新的领域。从金融牌照及资源看,长城公司由单一的不良资产收购和处置,发展到拥有银行、证券、保险等金融平台,既激发了融合创新需求,又增加了融合创新的能力和资源。

长城公司发挥融合创新功能需要更好地满足客户的需求。长城公司自2007年以来主要以经营利润为考核指标,发挥融合创新功能有助于增强长城公司的盈利能力和市场竞争力。无论是金融机构,还是实体企业和个人,对资金和资产管理的需求日益变化,为更好地满足这些客户的金融要求,长城公司须加强发挥融合创新功能。在大资产管理时代,金融机构相互竞争激烈,长城公司应加强自身资源利用并促进融合创新发展,加大产品创新、客户服务创新、商业模式创新等,发挥融合创新功能,提高市场竞争力。

长城公司的融合创新功能逐渐增强。在金融牌照方面,长城公司已经拥有银行、证券、保险、租赁、基金等多家平台公司,已经形成金融全牌照的经营格局,为增强金融融合创新功能奠定了基础。在组织建设方面,长城公司已经建立资产管理经营部、投资投行事业部等特色机构,由机构协同部牵头实施集团系统内的协同发展,为发挥融合创新功能提供保障。在金融技术方面,长城公司拥有丰富的不良资产处置技术,融合银行、证券、保险、租赁、基金等专业金融平台,加强在不良资产、资产管理、投资投行等领域的创新发展。

(五) 综合金融服务功能

综合金融服务功能是长城公司的应有功能。目前,长城公司已经成为金融控股集团,形成了金融全牌照格局,综合金融服务功能明显增强。从金融产品看,长城公司已经具有各类债权、股权、债转股等投融资产品，包括各类银行、证券、保险等金融子行业的金融产品，还包括不良资产收购处置与银行、证券、保险等的交叉协同产品。从服务对象看，长城公司可以为实体企业、其他金融机构提供全周期的金融服务，包括不良资产收购、固定收益产品投资、资产管理计划、并购重组等。

长城公司增强综合金融服务功能符合时代发展要求。为更好地满足客户多元化的金融需求，长城公司收购并控股银行、证券等金融平台公司，加强不良资产收购和处置业务的外延发展，积极推动基于不良资产、银行、证券等业务领域的协同金融产品的开发和推广，提高自身在金融市场中的竞争力。从金融行业发展角度看，通过金融控股模式提高对客户服务整体实力的做法已经普遍，如银行开始控股金融租赁、证券、基金等，长城公司作为金融改革领域的重要成员，形成了金融控股集团和综合金融服务功能，符合行业发展规律。从自身发展角度看，长城公司增强综合金融服务功能，有助于加快扩大服务客户范围，提高业务发展竞争力。

长城公司持续增强综合金融服务功能。长城公司已经拥有银行、证券、保险等金融牌照，初步形成了金融全牌照格局，并且长城租赁、长生人寿、长城国际等子公司的资质日趋完善，为持续增强综合金融服务功能奠定了基础。在组织机构上，长城公司在全国重要城市拥有分支机构，同时证券、保险及银行等子公司也在各地区拥有分支机构，它们可以直接接触并服务客户，有助于宣传并承揽各类金融业务，增强了综合金融服务功能。此外，长城公司在制度创新、人才培养及引进、金融技术等方面持续增强实力，有助于提升综合金融服务功能。

四 小结

采用案例分析方法，以中国长城资产管理公司为例，剖析长城公司在不同时期的金融功能变化，归纳总结这些金融功能变化的内外动因，并展望长城公司未来的金融功能定位。

首先，分析长城公司在不同时期的金融功能变迁。按照实际经营阶段，划分出政策性经营、商业化过渡、商业化发展三个阶段，发现长城公司的金融功能是逐步丰富、逐步扩展的，其中在不同时期的侧重点有所不同。在政策性经营阶段，长城公司主要承担政策性不良资产的处置任务，发挥金融风险处置、金融救助及重整等功能，参与防范和化解系统性金融风险。在商业化过渡阶段，长城公司逐步开展综合金融业务，通过阶段性投资、理财等业务，初步新增综合金融服务功能。在商业化发展阶段，长城公司在原有的金融风险处置、金融救助等功能的基础上，凸显了存量资产盘活、资产管理、融合创新和综合金融服务等功能。

其次，挖掘长城公司金融功能变化的动因。政府、市场、客户、自身是影响长城公司金融功能变化的四大因素。从政府层面的政策和监管看，政府是长城公司的实际控制人、监管人、考核人，政府的诉求变化是长城公司金融功能变化的最大因素。从市场层面的同业竞争看，金融资产管理行业的竞争日益加大，1999年仅成立了四家资产公司，现在地方资产管理公司加入竞争，同时其他类型的资产管理机构也开展类似的不良资产收购处置业务，进一步加剧了市场竞争。从客户层面的金融需求变化看，资产公司的客户由国有银行、国有企业逐步扩展到其他所有的金融机构、各类实体企业，还包括个人客户，而客户变化引发的金融需求也发生了变化，促进资产公司丰富其金融功能。从自身发展看，商业化发展改革之后，长城公司以商业利润为经营考核指标，在坚持发展不良资产主业的基础上，进一步加强了存量资产盘活、资产管理、融合创新及综合金融服务等金融功能。

最后，长城公司发挥其金融功能的未来定位。自1999年成立以来，作为四大资产公司之一，长城公司的经营目标、激励制度、同业竞争、客户需求、政府监管等内外环境等都在动态地发生变化，这激发了长城公司调整其经营业务及金融功能。面向未来发展，长城公司应该坚持不良资产主业，更加注重发展以下五类金融功能：防范和化解金融风险功能、盘活存量资产功能、资产管理功能、融合创新功能、综合金融服务功能。

第七章 金融资产管理公司被所有者定位的功能：股东功能

本章从金融资产管理公司所有者的角度，分析所有者给予或是赋予金融资产管理公司的功能。从成立到2017年，我国四家金融资产管理公司的最大股东是财政部，同时，财政部也代表国家行使股东权力。这里运用产权经济学理论及分析框架，从股东的角度，也就是从国家的角度，研究金融资产管理公司在不同阶段的功能，或者不同阶段国家赋予金融资产管理公司的功能。当然，结合我国管理体制，可以看出，国家赋予四家金融资产管理公司的功能与使命，是国家意志的体现，不仅通过财政部这个股东来实现，还通过金融监管部门等渠道传达。

关于产权经济学理论的研究很多（黄少安，1999），内容涉及制度经济学、新制度经济学，以及所谓的产权经济学、新产权经济学等各类理论派系。但是，主要都围绕"产权"这个核心，力图回到产权、产权制度与经济增长之间的关系，其中运用了交易成本、剩余控制权、法律、政治制度等分析范式或是分析工具。综观这些围绕产权的经济学理论，可以看出产权、所有权的重要性。本章正是从"产权"这个核心出发，沿着一个新的视角,研究金融资产管理公司的功能如何受到产权的影响。

一 政策性经营时期的特殊财务装置功能

金融资产管理公司的政策性经营时期,是指从1999年成立开始到2006年底完成财政部政策性不良资产回收考核目标任务为止的阶段。在这第一个七年中,金融资产管理公司是财政部的独资金融机构,主要是完成财政部下达的政策性不良资产回收和处置考核任务,从事的不良资产收购、管理和处置业务也都属于政策性业务。对于这个时期国家给予金融资产管理公司的功能定位,早期的一些研究将金融资产管理公司视作中国政府为解决国有银行体系不良资产问题而做出的一种正式制度安排。可以说,金融资产管理公司的设立,直接是为了解决国有银行不良贷款问题,以此来化解系统性金融风险、促进国有银行的改革和发展。但是,从更高的国家层面看,金融资产管理公司和国有银行属于同一个所有者。具体而言,国家为了保障国有银行这种"好银行"脱困,新设了金融资产管理公司这种"坏银行",专门收购处置不良贷款。因此,可以认为,金融资产管理公司成立之初就是一个收购处置国有银行不良信贷的特殊财务装置。

金融资产管理公司,又称坏账银行,收购、处置国有银行不良资产的功能定位,是国家成立这类机构的初衷,也是国家赋予的光荣使命。在四家金融资产管理公司成立的第二年,《金融资产管理公司条例》于2000年11月出台并实施,在总则中明确指出,成立金融资产管理公司的目的就是依法处理国有银行不良贷款，促进国有银行的改革和发展。该条例也界定了金融资产管理公司的工作内容，在第二条中明确，金融资产管理公司，是指经国务院决定设立的收购国有银行不良贷款，管理和处置因收购国有银行不良贷款形成的资产的国有独资非银行金融机构。简要而言，金融资产管理公司是收购、管理和处置国有银行不良贷款的金融机构。该条例还明确指出，金融资产管理公司的经营目标，就是最大限度保全这些国有银行的不良资产、减少损失。因此，可以看出，金融资产管理公司充当收购处置不良贷款的特殊财务装置，是国家赋予的光荣使命，也是国家成立它们的初衷。

二 商业化转型发展时期的经营利润目标制和多元化发展

到了 2007 年，四家金融资产管理公司已经完成政策性不良贷款收购处置任务，存量的待处置不良贷款已经不多，确定未来的道路是迫在眉睫要解决的问题。按照当时的讨论和探索，金融资产管理公司有三条可供选择的道路：一是关闭，但是面临着人员安排问题；二是回归母体银行，这又涉及工、农、中、建四大国有银行；三是独立发展，但是独立发展基础薄弱。在这个关键时期，在金融资产管理公司发展迷茫的关键时间点，作为四家金融资产管理公司的所有者，国家决定实行金融资产管理公司商业化改革和发展，确定了"市场化、多元化和一司一策"的改革原则。

在商业化转型发展时期，也有金融资产管理公司希望回归母体银行，但是，以最后的结果看，华融、长城、东方、信达四家金融资产管理公司都走上了独立发展的道路。四家金融资产管理公司在商业化发展过程中，都经历了商业化转型阶段和全面商业化阶段，其中从开办商业化业务到实现股份制改革这个阶段，被视为商业化转型阶段。例如，信达在2004年受监管部门批准之后，开办商业化收购不良资产、委托代理处置不良资产、抵债资产追加投资等三项新业务；在2010年6月改制为中国信达资产管理股份有限公司，进入全面商业化阶段。从发展历史看，四家金融资产管理公司开办商业化业务、实现股份制改革的历史进程是不同步的。其中，信达走在改革发展的前列。

在全面商业化阶段，金融资产管理公司的机构性质和业务性质都发生了根本性改变，从政策性独资机构转变为商业性股份制机构，从完全的政策性业务转变为完全的商业性业务。以信达为例，在2010年实施股份制改革后，在母公司、子公司两个层面推动多元化业务，在母公司层面获得了收购非金融类不良资产的业务资格，在子公司层面重组西部金融租赁为信达租赁，并进入金融租赁业务领域。随后，信达在2012年4月引进全国社会保障基金理事会、瑞银、中信资本、渣打银行四家战略投资者，在2013年12月成功在香港上市。至此，信达成为第一家公开上市的股份制金融资产管理公司，由原来的政策性独资金融机构发展为一家公开上市的现代金融企业。

回顾历史，应该说，信达完成了国家要求的市场化、多元化的政策目标。紧跟其后的华融，也逐步完成股份制改革、引进战略投资者和公开上市，实现了国家要求的市场化、多元化的政策目标。东方、长城以信达、华融为模板，逐步实现了股份制改革和引进战略投资者，也加速推进公开上市工作。

三 新时代的新功能定位：聚焦主业、服务实体经济、防控风险

2017年全国金融工作会议顺利举行，2017年党的十九大成功召开，2017年是金融资产管理公司进入新时代的起始年。以2017年为时间节点，金融资产管理公司的功能定位发生了变化，这与国家对金融工作的部署发生变化是分不开的。应该说，因为作为所有者的政府对金融资产管理公司的要求在发生变化，所以金融资产管理公司的功能定位也在变化。

2017年14~15日全国金融工作会议在北京召开，要求必须加强党对金融工作的领导，做好服务实体经济、防控金融风险、深化金融改革三大任务。根据这次全国金融工作会议的精神，金融资产管理公司要服务实体经济，这是一项明确的功能定位。同时，金融资产管理公司也要做好内部风险防控，化解内生不良资产，加强自身的公司治理、管理体制等改革。此次全国金融工作会议还要求，金融机构回归本源，服务于经济社会发展。这意味着，在国家层面确定了金融资产管理公司要聚焦主业，把精力和心思聚焦到不良资产主业，做强做精不良资产收购、管理和处置业务，而不是推动以前的业务全面发展。

2017年10月党的十九大报告，也强调了金融服务实体经济、防控金融风险的主题。从全部报告内容看，党的十九大报告关于金融工作的文字篇幅不多，突出强调金融服务实体经济和守住不发生系统性金融风险的底线，这为整个金融工作及金融资产管理公司的职能发展指明了新的方向。具体而言，从党的十九大报告全文看，

与金融资产管理公司相关的工作指示，主要也是增强服务实体经济能力和化解金融风险。2017年，我国进入中国特色社会主义新时代，党中央从最高的层面确定了金融工作的方向，也从最高层面确定了金融资产管理公司的功能定位。

如果说2017年全国金融工作会议和党的十九大报告，对金融资产管理公司的要求还不够具体，那么在2017年发生的强监管，足够让华融、长城、东方、信达四家金融资产管理公司明确未来的功能定位和业务发展方向。根据全国金融工作会议对监管部门的要求，结合我国监管体制，银监会对四家金融资产管理公司的监管作用是最强的。具体而言，银监会及各地的银监局对四家金融资产管理公司总部及分公司实施了严监管、强监管。一方面，银监会加强对金融资产管理公司总部的现场检查、非现场检查，并约谈四家金融资产管理公司的主要负责人，明确国家对金融资产管理公司的功能定位，就是聚集不良资产主业、服务实体经济。另一方面，加大对违法违规行为的处罚，不仅对相关经营业务的违法违规分支机构进行罚款，还要对相关违法违规的责任人进行处罚，实现了罚款又罚人的监管措施。监管部门的强力措施，使得金融资产管理公司的功能定位发生了变化，将工作的重心转移到了聚焦不良资产主业、服务实体经济，并加强了自身的风险防控。

从全国金融工作会议到党的十九大，再到监管部门的政策落实，所有者对金融资产管理公司的功能定位具有非常强的影响力，可以说是起到了决定性作用。从出资人看，金融资产管理公司的控股股东是财政部。从人事及业务监管看，银监会代管金融资产管理公司人事，也是金融资产管理公司的业务监管部门。从更高层次的意义看，华融、长城、东方、信贷四家金融资产管理公司的实际控制人是国家。所以，金融资产管理公司的所有者功能，体现了国家这个所有者的意志。在新时代，国家要求金融资产管理公司聚焦不良资产主业、服务实体经济，那么，四家金融资产管理公司在新时代的功能定位就是聚焦不良资产主业、服务实体经济。因此，四家金融资产管理公司要从国家的层面谋划工作，要围绕服务实体经济、化解金融风险、深化自身改革这三大主题，拿出具体的工作措施，为国家解决问题，并促进自身更好地发展。

四 小结

本章与前面的论述是不矛盾的。金融资产管理公司被所有者定位的功能，与其实际表现出来的功能，是存在偏差的。因为，这里面存在一些其他影响因素，包括前文提到的市场竞争、客户需求、内部人动机等。所以，可以说，金融资产管理公司存在双重金融功能。一方面，前文大量篇幅论述的机构功能，属于一种实证性质的功能，属于一种"描述"性质的功能，是指金融资产管理公司因开展业务在实际运行中对相关主体产生的有益作用，及在金融经济系统中满足资源配置需求的金融属性。另一方面，本章及后文研究的"股东功能"，属于一种规范性质的功能，属于一种"应该"性质的功能，是指股东或实际控制人对金融资产管理公司开展的功能定位，以期望、命令、指示等作为传达，由此使得金融资产管理公司应该发生的行为。但是，金融资产管理公司的双重金融功能之间，存在一些偏差。

造成金融资产管理公司双重金融功能之间存在偏差，一个非常重要的原因可能是，国有股东及其背后的国家意志。国家是四家金融资产管理公司的造物主,承载着化解金融风险、服务实体经济的使命。但是,在具体落实中又受到各种因素干扰,金融资产管理公司表现出的实际功能行为,与国家的目标存在偏差。因此,为了缩小这种偏差,国家会落实一系列保障机制,确保金融资产管理公司沿着正确的发展道路前进。

第八章 金融资产管理公司被所有者定位的功能：保障机制

国家如何确保四家金融资产管理公司实现国家意志，按照自己的指示向前发展呢？本章从法律法规、党建人事、财政考核、业务监管这四大方面，分析金融资产管理公司实现国家意志的具体管理机制。

一 金融资产管理公司的法律法规机制

我国金融资产管理公司的改革发展，与法律法规体系的发展密不可分。法律因素不仅影响经济和金融发展，也影响到具体从事业务的金融资产管理公司。从成立以来，我国金融资产管理公司的改革发展始终与相关的法律密不可分，我国金融资产管理公司的功能形成、壮大与发挥，都离不开相关的法律支持。一方面，对于法律因素对金融资产管理公司的影响，在理论上已经有了大量的研究。研究法律与金融资产管理公司的理论渊源，可以追溯到法与经济学、法律经济学、法与金融学、法律金融学等理论体系。从法律与经济学的关系看，法律经济学（Economics of Law）、法与经济学

(Law and Economics)、法律的经济分析（Economic Analysis of law），主要是用经济学阐述法律问题，将经济学的理论和经验方法全面运用于法律制度分析，具体是指运用微观经济学及其福利经济学分析法律的形成、法律的框架、法律的运作以及法律与法律制度所产生的经济影响。从法律与金融学的关系看，拉波塔（La Porta）、洛配兹·西拉内斯（Lopez de Silanes）、安德烈·施莱弗（Andrei Shleifer）和罗伯特·维什尼（Robert W. Vishny）四位学者早在20世纪90年代，就量化了政治、法律、宗教、文化等因素的数据，并第一次明确引用法律因素介绍金融发展差异，开启了法与金融宏观理论、法与金融微观理论，前者主要在宏观层面上研究法律和金融的关系、法律起源与金融发展、法系与金融发展、司法效率与金融发展、投资者保护与金融发展等，后者主要在微观层面上研究法律与企业融资能力及融资成本、法律体制的质量与企业所有权和企业规模、投资者保护与企业公司治理、公司价值等问题。因此，可以看出，法律因素与金融资产管理公司的外部环境、内部管理、业务经营等存在密切的关系。另一方面，从实践看，非常有必要梳理我国金融资产管理公司的相关法律制度，并从法律供给的角度剖析国家对金融资产管理公司行为的管控，为促进发挥好金融资产管理公司的金融功能做好法律的供给侧改革。

目前，从我国法律体系看，四家金融资产管理公司除了受《宪法》《公司法》等法律的约束外，还受到国务院颁布的《金融资产管理公司条例》、最高人民法院各类司法解释、相关行政部门制定的办法等的约束。首先，《金融资产管理公司条例》自2000年11月10日施行以来，对规范金融资产管理公司行为、依法处置国有银行不良资产、化解金融风险、维护金融稳定和促进经济发展发挥了积极作用。随着经济和金融改革的不断深化和金融资产管理公司的转型发展，该条例的部分规定已不能适应金融资产管理公司改革发展的需要，也很难适应金融监管的要求，有必要对它进行修订。但是，目前该条例依然调整金融资产管理公司行为。其次，银行业监管部门、财政部门等相关部委，也陆续出台了各类规章，调整金融资产管理公司行为。例如，为促进金融资产管理公司加大收购不良资产力度，控制类信贷业务，中国银监会办公厅在2016年3月下发了《关于规范金融资产管理公司不良资产收购业务的通知》（银监办发〔2016〕56号），及时规范金融资产管理公司的业务行为。2017年底，银监会制定的《金融资产管理公司资本管理办法（试行）》等相继出台，进一步强化了金融资产管理公司的资本管理，推动金融资产管理公司健康发展。最后，最高人民法院做出的各类司法解释，完善了规范金融资产管理公司的制度。可以发现，国家是金融资产管理公司的实际控制人，根据国家政策需要，结合金融经济环境及金融资产管理公司实际情况，从完善法律体系这个角度，可以更好地推动金融资产管理公司发展，并且通过金融资产管理公司实现了国家的目标。

总体上，从1999年成立至今，金融资产管理公司以及后来的地方资产管理公司成立及发展，都离不开法律、行政法规等的约束。在成立之初，有《金融资产管理公司条例》，到2008年国务院明确金融资产管理公司遵循"一司一策"原则，按市场化方向进行改革试点，财政、银监等部门出台了大量的规章办法。股份制改革后，四家金融资产管理公司要按照《公司法》等规范行为。因此，法律法规机制是约束金融资产管理公司实现国家意志的重要机制。

二 金融资产管理公司的人事管理体制

根据有关法律法规,金融资产管理公司的最高负责人由国务院任命。早在2000年,《金融资产管理公司条例》已经对金融资产管理公司的人事做出了规定。根据该条例第八条,金融资产管理公司设总裁1人、副总裁若干人,总裁对外代表金融资产管理公司行使职权,负责金融资产管理公司的经营管理,并且总裁、副总裁由国务院任命。尽管金融资产管理公司在不断发展,但《金融资产管理公司条例》依然存在,这也就意味着华融、长城、东方、信达四家金融资产管理公司的最高管理团队应该由国务院任命。但是在具体实施中,四家金融资产管理公司的人事管理体制发生了变化。

金融资产管理公司的人事管理体制变化,与我国的金融管理体制是密不可分的。具体而言,华融公司、东方公司、长城公司、信达公司最高管理成员的任命,以2003年为分界线主要分为两个阶段。第一阶段为,中央金融工作委员会(简称"中央金融工委")代为管理四家金融资产管理公司。为应对亚洲金融危机,加强党对金融工作的领导,1998年6月,在国务院总理朱镕基的主导下,经中共中央批准成立中央金融工作委员会。与中央金融工委的诞生有着类似的背景,四家金融资产管理公司是为应对亚洲金融危机、化解金融风险而成立的金融机构。但是中央金融工委在2003年3月被撤销了,四家金融资产管理公司的人事主管单位也相应地发生了变动。第二阶段为银监会管理四家金融资产管理公司,四家金融资产管理公司也就成为银监会的会管单位,并且一直延续至今。2003年，根据第十届全国人民代表大会第一次会议批准的国务院机构改革方案和《国务院关于机构设置的通知》（国发〔2013〕14号），设立中国银行业监督管理委员会，为国务院直属正部级事业单位。2003年4月25日，中国银行业监督管理委员会成立；2003年4月28日起正式履行职责。根据中共中央决定，中国银行业监督管理委员会成立党委，履行中共中央规定的职责。其中，银监会被划入了中国人民银行对银行业金融机构的监管职责和原中央金融工作委员会的相关职责。至此，银监会党委成为四家金融资产管理公司党委的上级党委。

三 金融资产管理公司的考核管理体制

在政策性经营时期，四家金融资产管理公司被定位为特殊的财务装置，主要功能定位是最大限度地回收不良贷款的现金，也包括对部分不良贷款实施债转股。所以，根据这些特殊的功能设定，为了保障四家金融资产管理公司做出最大努力回收不良贷款，财政部门通过现金回收率、费用率等，对四家金融资产管理公司实行"统收、统支"的双线管理。在政策性经营时期，四家金融资产管理公司还属于国有独资公司，以政策性收购处置不良资产为主要业务，目标是提高不良资产的回收率。因此，财政部门作为股东和财政管理部门，对四家金融资产管理公司的考核也就与"现金回收率"密切挂钩。

在2006年底政策性资产基本处置完毕后，四家金融资产管理公司进入了商业化转型发展阶段，国有资本的保值增值成为一个重要的目标，为了保障这个目标的实现，财政部门等给予了四家金融资产管理公司很强的支持。对法人机构的考核，转变为利润增幅与绩效工资总额增幅挂钩的机制，极大地激发了四家金融资产管理公司追求利润的动机，其中信达公司、华融公司走在了前列，先后实现了股份制改革、上市等重大工作，进一步促进了金融国有资本的保值增值。

目前，财政部依然是四家金融资产管理公司的主要考核部门，具体落实是在财政部金融司资产处。在各类考核指标中，主要涉及国有资本的保值增值，即考核四家金融资产管理公司的净利润，并将净利润的增幅与该公司工资（包括各类福利）总规模的增幅挂钩。在这个净利润增幅和工资规模增幅挂钩机制下，四家金融资产管理公司存在追求国有资本保值增值的内在动力，通过引战、上市、发债等途径，不断地拓展各类金融业务。这种挂钩薪酬机制，体现了主管部门的导向，就是促进国有资本保值增值，也非常符合财政部门的要求。

但是这种挂钩机制也存在一些内在的矛盾。一方面，金融资产管理公司为了完成利润目标，很可能会偏离不良资产主业，进入高回报的房地产投融资领域，以金融不良资产收购、应收账款收购、保理、增信等产品为房地产企业服务。在 2017 年全国金融工作会议上，中央明确要求金融机构回归本源和主业，金融资产管理公司回归不良资产主业，加强化解金融风险、服务实体经济。但是不良资产收购处置业务存在周期长、资金成本高、收益不确定等特点，与高额的资本回报之间存在一定的扭曲。所以，这个挂钩机制需要改进完善，以更好地适应金融资产管理公司在新时代的功能定位。

另一方面，这种薪酬挂钩机制，对于四家金融资产管理公司而言，不是同样公平的。这个涉及历史问题，与当初起点的存量工资包规模有密切关系。如果某金融资产管理公司当初存量工资包规模大，那么在净利润不断增长的情况下，该金融资产管理公司可以扩招人员，在内部薪酬激励方面也有较大空间。反之，在发展中，受到薪酬规模的约束，难以引进外部人才，难以增加适当人员，对业务开展也不利。因此，在统一的薪酬机制下，四家金融资产管理公司的薪酬规模、人均薪酬等不同，这些不同反过来又制约了业务经营发展，对落实国家的功能定位产生了不利影响。

此外，根据中央要求，四家金融资产管理公司的党委委员的税前薪酬是受到限制的，并要求公示。一般情况下，华融、长城、东方、信达四家金融资产管理公司都会在公司网站上公布本公司负责人的税前薪酬情况。作为中央金融企业，四家金融资产管理公司的党委成员薪酬直接受国家财政部门管理并采取了封顶限制，这在一定程度上有利于遏制利润追求冲动，有助于金融资产管理公司回归不良资产主业的国家功能定位。

四　金融资产管理公司的业务监管体制

根据《金融资产管理公司条例》，成立之初，金融资产管理公司的业务主管单位是中国人民银行。《金融资产管理公司条例》明确规定，金融资产管理公司由中国人民银行颁发《金融机构法人许可证》，并向工商行政管理部门依法办理登记；金融资产管理公司设立分支机构，须经财政部同意，并报中国人民银行批准，由中国人民银行颁发《金融机构营业许可证》，并向工商行政管理部门依法办理登记；金融资产管理公司的高级管理人员须经中国人民银行审查任职资格。但是，由于后来的行政机构调整，新成立的银监会成为四家金融资产管理公司的业务管理部门。

目前,银监会对金融资产管理公司履行业务监管职责,由现在的非银部落实具体的监管事务。金融资产管理公司是以不良资产收购、管理和处置为主业,同时开展与不良资产相关的投资、受托管理、咨询顾问等业务的非银行金融机构,接受银监会的监督管理。银监会不仅监管华融、长城、东方、信达四家金融资产管理公司,也监管四大国有银行设立的资产管理公司,还监管各地的地方资产管理公司。为管理好金融资产管理公司,银监会也陆续印发了关于不良资产业务、风险管控、统计信息、资本管理等的各类管理办法。根据这些办法,银监会对四家金融资产管理公司实施全方位监管,包括对公司负责人、分公司负责人的资格审查,对各项业务的审查、检查,以及对资产风险、人员薪酬的监管等。另外,财政部对金融资产管理公司也履行一定的管理职能,具体工作由金融司资产处承办。财政部不仅是四家金融资产管理公司的大股东,也是主管部门,先后出台了关于不良资产批量转让、业务转型、财务税务、数据报送等的各类管理办法。目前,人民银行和外汇管理局对金融资产管理公司没有特别的管理职能,主要是在各自的法定职责范围内对金融资产管理公司实施监督管理。证监会、保监会、工商部门等更是在各自的法定职责范围内就金融资产管理公司履行职责。

2017年以来,全国金融工作会议等要求金融资产管理公司回归主业、聚焦主业,大力发展不良资产业务。以银监会为主要监管部门的业务监管体制发挥了重要的保障作用。其中,中国银监会印发了《金融资产管理公司资本管理办法(试行)》,以加强对金融资产管理公司的资本监管,弥补制度短板,提升监管效能,引导金融资产管理公司进一步聚焦不良资产主业，服务实体经济和供给侧结构性改革，规范多元化经营。《金融资产管理公司资本管理办法（试行）》于 2018 年 1 月 1 日起正式实施，主要内容包括总则、集团母公司资本监管要求、集团资本监管要求、监督检查、信息披露和附则等六个章节，共八十四条。重点强调以下五个方面。一是结合金融资产管理公司业务经营特点，设定适当的资本充足性监管标准，明确第二支柱监管要求和信息披露监管要求，强化监管部门的监督管理和市场约束作用。二是通过设定差异化的资产风险权重，引导金融资产管理公司按照"相对集中，突出主业"的原则，聚焦不良资产主业。三是对金融资产管理公司集团内未受监管但具有投融资功能、杠杆率较高的非金融类子公司提出审慎监管要求，确保资本监管全覆盖。四是将杠杆率监管指标及要求纳入该资本管理办法，形成统一的资本监管框架。调整完善集团财务杠杆率计算方法，防控集团表外管理资产相关风险。五是要求集团母公司及相关子公司将信用风险、市场风险和操作风险纳入资本计量范围，并结合本公司实际选择适当的风险计量方法。

对金融资产管理公司资本管理的调整，直接影响金融资产管理公司的业务规模、范围、结构。其中，确定的金融资产管理公司表内资产风险权重系数，明确了金融资产管理公司开展各类业务形成资产的资本占比。例如，规定了批量收购金融不良资产形成的债权的风险权重系数为 50%，因实质性重组项目形成的表内资产的风险权重系数也为 50%，切实引导金融资产管理公司开展这两类业务。在股权方面，围绕不良资产开展的追求投资、市场化债转股的风险权重系数为 150%，而对工商企业的其他股权投资的风险权重系数为 400%，就是要引导金融资产管理公司开展围绕不良资产的股权业务,而不是定向增发等普通的股权业务。由此可见,《金融资产管理公司资本管理办法(试行)》的出台有助于完善金融资产管理公司并表监管和资本监管规制体系,有助于金融资产管理公司提高资本使用效率,有助于进一步引导金融资产管理公司发挥不良资产主业优势,防范多元化经营风险,实现稳健可持续发展。

五 小结

本章是从国家的角度看金融资产管理公司功能,并分析国家保障金融资产管理公司贯彻落实国家意志的各种保障机制。在不同时期,作为金融资产管理公司的股东、实际控制人、管理者等,国家对金融资产管理公司有着不同的功能定位和不同的要求。在政策性经营时期,金融资产管理公司被定位为不良贷款的现金回收人,因此,相关部门采取了一些业务资格、薪酬激励等方面的措施,确保金融资产管理公司最大限度地提高不良贷款的现金回收率。在商业化转型发展时期,金融资产管理公司的发展和国有资本的保值增值是最大的要求,所以,又赋予了金融资产管理公司股权投资、债权投资等各类业务,包括搭建平台子公司等,还实现了薪酬挂钩机制。在新时代,金融资产管理公司被要求回归不良资产主业,加大发展不良资产收购处置业务、市场化债转股、问题企业实质性重组等的力度,相应的监管导向、利润考核、业务范围等都在发生变化,财政、监管等部门的措施也在跟进。因此,从所有者角度看,金融资产管理公司的功能赋予和功能发挥,极大地体现了国家意志。

第九章 结论、建议与展望

在中国特色社会主义新时代，金融资产管理公司作为中央金融企业，需要新战略、新作为，更好地化解金融风险、服务实体经济。经过近二十年的改革发展，金融资产管理公司转变为现代金融控股集团，具有强大的金融功能，有能力做出更大的贡献。因此，需要改进资产公司在发展不良资产主业中的内外环境，需要进一步完善对资产公司的政策措施，促进资产公司、不良资产市场与实体经济之间的良性循环发展。

一 基本结论

"功能"在文字解释、管理学及金融学等领域中有多种解释，本书所界定的"功能"主要是指：事物或方法所发挥的有利作用；对象能够满足某种需求的一种属性；在不确定环境下合理配置经济资源。

根据"功能"的分类，主要研究金融资产管理公司的具体功能、抽象功能和演进功能，分别是：资产公司对经济金融体系中其他金融机构、实体企业、政府部门等参与主体的有利作用；在时间和空间维度上，资产公司可以满足经济和金融资源配置需求的属性；资产公司金融功能的历史演进；国家对资产公司定位的金融功能，及其保障措施。

围绕金融资产管理公司在我国金融组织体系中的功能，相关研究主要分析以下方面：一是在微观市场视角下，资产公司在经济金融体系中对其他金融机构、实体企业、政府部门等经济主体的有利作用；二是基于金融功能观理论分析资产公司满足经济资源配置需求的金融属性；三是基于新制度经济学运用交易及交易成本分析资产公司发挥金融功能的内在原因，及制度环境的影响；四是资产公司与其他金融组织的功能比较；五是以中国长城资产管理公司为例，分析哪些因素及其如何影响资产公司的功能演进；六是作为股东及实际控制人，国家对资产公司的定位，以及相应的保障措施。

上述分析表明，资产公司具有强大的金融功能，并且资产公司金融功能具有历史演进的内在规律。但是，资产公司更好地发挥金融功能的保障措施存在不足。

（一）资产公司具有强大的金融功能

自1999年成立以来，资产公司在我国金融组织体系中发挥了强大的金融功能。从微观市场、金融功能观及新制度经济学等角度，可以发现我国的资产公司具备强大的金融功能，发挥了对市场主体的有利作用，满足了我国经济金融体系的资源配置需求。同时，与其他金融组织相比，资产公司表现出独特的金融功能，并且其功能演进有内在规律。

一是资产公司在微观市场中对其他金融机构、实体企业、政府部门等经济主体发挥了有利作用。通过不良资产收购，资产公司助力银行等金融机构改善资产结构、提升资本效率。资产公司通过托管等处置技术，托管和救助问题金融机构。通过重组、投资等手段，资产公司可以提升实体企业的内在价值，重新配置实体企业的存量资产。对于问题企业，资产公司还可以发挥托管和救助作用，包括针对问题企业的并购重组、减负脱困等。从政府的角度看，资产公司完成了保值增值、保全国有资产等任务，防范和化解了系统性金融风险，促进了经济增长和社会就业等。

二是资产公司在我国金融组织体系中具有满足经济资源配置需求的金融功能。从金融功能观的角度看，资产公司具备基本金融功能和延伸金融功能，后者是在前者基础上发展演变而来的金融功能。在基本金融功能方面，资产公司具有系统性风险处置功能，起到了防范和化解系统风险的作用；资产公司开展不良资产收购等逆周期业务，具有逆周期金融功能；资产公司对问题金融机构和问题实体企业具有金融救助和重整功能；资产公司是明确针对系统性风险成立的，具有一定的宏观审慎政策工具功能；与传统的银行等金融机构不同，资产公司主要针对存量资产发挥作用，具有存量资产盘活功能。在延伸金融功能方面，伴随内外环境变化，资产公司具有覆盖不良资产和正常资产的资产管理功能；运用金融全牌照资源，更好地应对市场需求，资产公司具有融资创新功能；资产公司已经是能开展各类金融业务的控股公司，具有综合金融服务功能。

三是作为一种特殊的制度安排，资产公司功能的发挥受到了其他制度的约束。在新制度经济学视角下，资产公司是一种制度安排。从交易及交易成本的角度看，资产公司的金融功能在于节约了不良资产收购及处置市场的交易成本。但是法律安排、产权安排、激励安排等正式制度安排，社会习俗、声誉机制等非正式制度安排，以及监管机制和法院机制等制度实施机制，对作为制度安排的资产公司的实际运行产生了影响。改进资产公司的运行效率，更好地发挥其强大的金融功能，需要进一步改善内外部制度安排。

四是资产公司与其他金融组织的功能比较。根据我国现行的金融组织状况，从商业性和保障性两个方面比较资产公司的功能。与商业性金融机构相比，资产公司具有显著的系统性金融风险处置功能、存量资产盘活功能等。与保障性金融机构相比，资产公司不仅可以防范和化解金融风险，维护金融稳定，还具有盘活存量资产功能，以及其他衍生功能，包括资产管理功能、融合创新功能、综合金融服务功能等。

五是以中国长城资产管理公司为例，分析哪些因素及其如何影响资产公司的功能演进。自成立以来，长城公司金融功能是动态演进的，主要受到政府、市场同业、客户需求及自身发展等因素影响。展望未来，长城公司应该着力增强防范和化解金融风险、存量资产盘活、资产管理、融合创新、综合金融服务等功能。

（二）资产公司发挥金融功能的保障措施有待完善

从理论研究看，资产公司具有强大的金融功能，对政府、实体企业、银行等发挥了有利作用，具备系统性风险处置、逆周期、金融救助和重整、宏观审慎政策工具、存量资产盘活等基本金融功能，以及资产管理、融合创新及综合金融服务等延伸功能。在不良资产交易和处置市场中，资产公司具有节约交易成本的功能。但是，从实际运行看，资产公司发挥这些金融功能的保障措施依然不足。

一是从具体业务看，资产公司受到约束较多。对于存量业务，不良资产收购及处置相关的业务操作办法增加了资产公司开展业务的交易成本，影响到资产公司开展相关业务的积极性，不利于资产公司发挥其金融功能。对于创新业务，现行的《金融资产管理公司条例》等制度安排，已经难以适应资产公司根据市场需求创新业务及产品的要求，新业务的发展受到的限制较多。尤其是市场化债转股业务，以及问题企业实质性重组项目的监管认定，还需要改进，落实操作细节。在具体业务操作中，资产公司相关资产的处置权利不能完全得到保障，包括收购的债权项下的抵押担保物的处置权等。资产公司开展的具体业务的质量，直接决定了其发挥相关金融功能的程度，因此急需完善资产公司业务的相关规则。

二是从公司治理看，资产公司的现代企业制度存在不足。2014年8月发布的《金融资产管理公司监管办法》对资产公司的公司治理做出要求，规定了资产公司的公司治理框架、集团组织架构、集团管控、任职管理及激励约束机制等内容。但是作为金融控股集团，资产公司母子公司开展的业务性质存在差异，不同业务的治理机制并不相同，存在业务与治理机制之间的冲突，影响了资产公司发挥其金融功能。一方面，具体子公司及相关业务的治理机制需要进一步完善，深化业务激励机制和业务发展、功能发挥之间的正反馈。另一方面，从集团层面完善资产公司的现代企业制度，加强发挥董事会作用，提高资产公司的决策效率和激励效率。

三是从行业监管看，需要对资产公司的相关法律法规做进一步完善。资产公司需接受与银行等金融机构类似的监管，发展受到资产负债率、资本充足率等指标的严格限制，现行的监管要求与资产公司的功能发挥及其业务经营不匹配。《金融资产管理公司条例》

难以适应资产公司的金融控股集团发展要求。作为法律法规的实施机制，法院等对不良资产收购和处置业务的判决效率提高，有助于资产公司加快不良资产的处置，发挥化解金融风险、盘活存量资产、资产管理等金融功能。资产公司是以不良资产收购和处置业务为主的金融机构，发挥了防范和化解金融风险、存量资产盘活等金融功能，需要进一步采用法律法规的形式支持其功能发挥和业务经营。

四是从政府政策看，支持资产公司发展的政策依然不足。经过改革发展，目前资产公司是市场主体，并已失去国家财政支持，资产公司在发挥逆周期功能防止不良资产不断累积和产生的过程中，面临严峻的不匹配问题。一方面，不良资产收购、管理和处置中大量长期资金需求与资产公司通过市场融资而来的资金之间存在期限不匹配。另一方面，受到自身规模等因素限制，政府再贷款支持缺位，资产公司难以在短期内收购大量不良资产，自身所拥有的可用资源与银行、实体企业等不良资产供给方的需求存在不匹配。为更好地促进资产公司功能发挥和业务经营，需要加强对资产公司的政策支持，包括资金和司法等。此外，应科学定位资产公司的金融功能，将资产公司放到金融组织体系和经济体系中给予合理的功能定位。

二 政策建议

自1999年成立以来，资产公司依法处置不良资产，化解金融风险，在我国金融组织体系中发挥了重要作用，具有强大的金融功能。但是，资产公司功能发挥的保障措施有待完善。为了更好地促进资产公司发挥其强大的金融功能，应该改进和完善资产公司的制度安排，加强对资产公司发展的政策支持。

（一）改进和完善资产公司制度安排

资产公司在我国金融组织体系中是一项特殊的制度安排，在微观市场中对其他金融机构、实体企业和政府等主体发挥了有利作用，在金融体系中发挥着系统性风险处置、逆周期、存量资产盘活、资产管理、融合创新、综合金融服务等功能。但是，资产公司这些功能的发挥受到制度安排的影响，应该从正式制度安排、非正式制度安排、制度实施机制等层面改进和完善资产公司的制度安排。

1. 改进和完善资产公司正式制度安排的政策建议

要真正发挥资产公司的金融功能，需要完善资产公司的正式制度安排，改进法律安排、产权安排、经济激励安排等对资产公司功能发挥的正效应。

一是真正赋予资产公司特殊的法律地位，完善资产公司法律安排。经过十多年的实践运行，资产公司的业务经营已经发生了巨大变化，形成了具有金融控股集团组织形式的综合金融业务架构。目前，《金融资产管理公司条例》已经不能适应资产公司的发展，不能充分体现资产公司的特殊法律地位，也不能充分维护资产公司的合法权益。2008年国务院明确，资产公司遵循"一司一策"原则，按市场化方向进行改革试点。现行的法律安排，不能有效地支持资产公司向市场化和专业化方向发展。

二是完善资产公司的产权制度安排，促进资产公司功能发挥。资产公司发挥金融功能的程度，与自身业务经营和决策效率是分不开的，这些又受到公司的产权制度安排影响。完善资产公司的产权制度安排，建立健全现代企业制度，加强资产公司的董事会制度建设，提高公司应对市场金融需求变化的反应效率，促进资产公司化解金融风险、盘活存量资产、资产管理、综合金融服务等功能发挥。目前，资产公司已经成为以经营利润为主要考核指标的市场主体，需要进一步完善公司产权安排，提供资产公司的决策效率和市场适应能力，并在此基础上促使资产公司进一步发挥金融功能。

三是改进资产公司的经济激励安排，推动资产公司功能演进。近年来，资产公司市场化改革和发展取得了成绩，已经成为市场主体，其中信达公司已经在香港挂牌上市，华融公司完成了股份制改革。作为市场主体，金融市场的业务需求，影响资产公司的业务经营，进而推动资产公司的功能演进。金融需求与资产公司的业务经营、金融功能发挥存在内在的逻辑关系，这受到资产公司的经济激励安排影响。改进和完善资产公司管理人员、技术人员和普通员工的经济激励安排，提高资产公司对金融市场变化的反应能力，提升资产公司对客户金融需求的满足能力，促进资产公司金融功能的历史演进。

2. 改进和完善资产公司非正式制度安排的政策建议

按照新制度经济学原理，发挥资产公司的金融功能，提高资产公司的运行绩效，还需要提高非正式制度与正式制度的相容程度，引导社会强化履约责任，增强市场声誉机制对市场主体的约束作用。

一是强化社会主体的履约责任，保障资产公司稳定经营和功能发挥。资产公司从事的不良资产收购和处置涉及大量的一系列金融交易，这些金融交易及金融契约的执行程度，直接影响到资产公司的稳定发展和功能发挥。加强社会宣传，提高经济主体的履行意识和履约责任，尤其是加强与不良资产相关的权利责任管理和宣传，降低资产公司在不良资产收购和处置中的不确定性，促进资产公司更好地发挥化解金融风险、盘活存量资产、融合创新等金融功能。

二是加强征信管理，保护资产公司的合法权益并促进其功能发挥。征信调查、征信审查等影响不良资产的收购和处置，关系资产公司所从事的不良资产经营业务的风险、不确定性、规模等。加快发展我国的征信体系，加快完善个人征信制度，建立健全市场主体的征信管理制度，降低资产公司在不良资产经营中的信息成本、交易不确定性、交易成本等，促进资产公司加大不良资产收购和处置力度，有利于资产公司发挥风险资产处置、资产管理、融合创新等功能。

三是加强媒体舆论引导，提高资产公司金融功能的社会影响。自1999年成立以来，十几年的运行实践证明，资产公司对防范和化解金融风险、促进国有银行和国有企业改革发展、维护金融稳定和促进经济发展发挥了积极作用。作为我国金融组织体系中不可或缺的成员，资产公司拥有丰富的不良资产处置经验，具备强大的金融功能。加强资产公司的正面宣传，客观地评价资产公司的运行绩效，增强社会公众对资产公司的认识和了解，有助于为资产公司发挥金融功能提供良好的社会舆论环境，逐步提高资产公司金融功能的社会影响。

3. 改进和完善资产公司制度实施机制的政策建议

在实际运行中，资产公司需要处理与业务经营相关的大量合同契约，涉及法院、监管主体、利益相关的市场主体等，与这些关联的司法、监管等制度实施机制深刻影响其金融功能发挥。

一方面，强化和完善法院机制，推动资产公司发挥其金融功能。资产公司通过收购和处置其他金融机构的不良资产、非金融机构的应收账款等，发挥化解风险、盘活存量资产、融合创新等一系列金融功能。在收购和处置各类资产中，法院的公平判决、裁决效率、执行力度等影响资产公司的交易成本和时间成本，进而制约资产公司功能发挥。完善对法院机制的监管，提高金融诉讼审结效率，加强裁决执行力度，可以保护资产公司的合法权益，推动资产公司发挥其强大的金融功能。

另一方面，完善监管机制，有区别地监管资产公司，促进资产公司完善和发挥其金融功能。研究表明，资产公司与商业银行、证券公司、保险公司及其他保障性金融机构存在显著差异，需要形成有区别性的监管体系，保障资产公司发挥防范和化解金融风险、盘活存量资产等功能。树立新的监管理念，完善资产公司的金融控股集团发展模式，促进资产公司的金融创新和综合金融服务。针对资产公司业务的特殊性，制定新的规范统一的监管规则和监管标准，完善资产公司各类业务的实施细则和操作规程，促进资产公司业务经营稳健发展和金融功能持续发挥。

（二）加强资产公司发展的政策支持

2008年国务院明确，资产公司遵循"一司一策"原则，按市场化方向进行改革试点。近年来，资产公司改革发展迅速，已经形成金融控股集团发展模式，逐步转型为具有较强竞争力的市场经营主体。《金融资产管理公司监管办法》等法律法规的相继出台，进一步推动资产公司健康发展。但是资产公司有其特殊性，为更好地发挥其金融功能，需要继续加强对资产公司的政策支持。

一是从国家层面上明确资产公司的地位和转型方向。资产公司已经控股了银行、证券、保险等全部或部分金融公司，形成了事实上的金融集团化经营，需要在资产公司主体名称上加"集团"二字，在国家政策或法律层面上确认资产公司现实状况。十几年的实践表明，资产公司在国民经济中的地位和作用不可替代，应赋予资产公司相应的法律地位，使之保留国家备用的金融工具性质，承担起"金融稳定器"的特殊作用。

二是从政策层面上确定资产公司的特殊功能。自1999年成立以来，资产公司确立了不良资产管理的专业地位，对化解金融风险、维护金融体系稳定和促进经济发展起到了积极作用。在长期的不良资产收购和处置的基础上，资产公司形成和发挥了重要的特殊金融功能，尤其是化解金融风险、盘活存量资产等功能。现在经济周期缩短，存量资产形成的频率和速度大大加快，为了化解存量资产中蕴含的金融风险，促进经济的健康发展，应当从政策层面上赋予资产公司盘活存量资产的特殊功能。

三是大力支持资产公司的业务发展。目前，《金融资产管理公司条例》规定的业务范围已经不能适应资产公司业务创新的客观要求，根据资产公司的市场经营主体和市场化改革发展要求，应当实行市场准入机制。资产公司金融功能发挥好坏与其业务发展密切相关，因此应改进监管部门对资产公司创新业务及产品的准入制度。在倡导金融发展和金融创新的大环境下，应该给予资产公司在业务创新方面的财税、风险补偿、激励机制等支持。

四是特定时期的国家政策支持资产公司功能发挥。资产公司的市场化改革和发展原则，与国家对它的政策性扶持并不矛盾。在特殊时期，不良资产大量推出，由于资产公司已成为市场主体，并已失去国家财政支持，资产公司在发挥化解金融风险、逆周期等功能防止不良资产不断累积和产生的过程中，面临各种严峻的问题。不良资产收购、处置中大量长期资金需求与资产公司融资获得资金的期限、规模都不匹配，可能降低资产公司处置不良资产能力，或者使资产公司难以发挥化解金融风险、逆周期、盘活存量资产等功能，严重情况下也可能导致资产公司自身成为不良资产。因此，资产公司应当可以向人民银行申请再贷款，国家可以用外汇注资资产公司。在关键时期，国家还可以给予资产公司相应的司法支持。

三　未来展望

本章从微观市场、金融功能观、交易成本、比较视角、功能演进、被所有者定位的功能等维度深入分析了资产公司的金融功能。但是，针对资产公司的金融功能研究还有很多课题需要继续完善。

一是资产公司控股的金融子公司功能。探寻资产公司控股的银行、证券、保险等子公司的金融功能，它们与市场上其他银行、证券、保险等其他金融机构的功能差异，以及这些子公司的功能与资产公司母公司功能之间的互补性。

二是地方资产管理公司的金融功能。资产公司行业日益发展壮大，地方资产管理公司作为其中的重要成员，具有并发挥了什么样的金融功能，这些金融功能的驱动因素是否与四家资产公司类似，未来地方资产管理公司还会发挥什么更强的金融功能。

三是资产公司是否会消失。从美国经验看，美国最早成立重组信托公司作为专门的资产公司,后来,不良资产收购处置业务分散在各类金融机构中,不存在一种专门处置不良资产的资产公司。伴随着不良资产市场的开放竞争,各类金融机构也开展类似的不良资产收购处置业务,在更远的未来,我国是否依然有必要存在收购处置不良资产的专门金融机构值得探讨。

附　录

一　中国华融资产管理股份有限公司大事记*

1999 年

◇ 中国华融资产管理公司在北京注册成立，是国务院批准成立的四大资产管理公司之一。

2000 年

◇ 开始收购中国工商银行 4076.96 亿元的不良贷款，开启政策性业务。

◇ 获得经营股票承销业务资格。

2001 年

◇ 受人民银行委托处置清算中国新技术创业投资公司，成为首家受托实施问题企业行政清算的金融机构。

---

* 来源于华融公司的 IPO 招股说明书及其网站。

◇ 成为首家举行不良资产国际招标的金融资产管理公司,向包括高盛集团在内的国际投标人出售不良贷款资产包,开创了中外合作处置中国不良资产的新模式。

◇ 成为首家推出不良资产网上拍卖的金融资产管理公司。

◇ 成为首家推行资产处置公示制度的金融资产管理公司。

2002 年

◇ 担任河北太行水泥股份有限公司上市的主承销商,成为中国债转股企业上市的首家主承销商。

2003 年

◇ 成为首家推出不良资产信托分层项目(准资产证券化业务)的金融资产管理公司,信托资产池规模为 132.61 亿元。

2004 年

◇ 受国务院委托托管处置德隆系大型民营企业集团并化解其系统性金融风险,成为首家托管处置大型民营企业的金融资产管理公司。

◇ 担任陕西建设机械股份有限公司上市的保荐人,成为首家在保荐制下完成企业上市保荐承销项目的金融资产管理公司。

◇ 经英国标准协会(BSI)认证,成为首家通过 ISO9000 质量管理体系认证的金融资产管理公司。

2005 年

◇ 受财政部委托处置中国工商银行 2460.45 亿元的不良资产。

2006 年

◇ 重组中国首批金融租赁公司之一的浙江金融租赁，该公司于次年更名为"华融金融租赁"，为首家由金融机构控股的金融租赁公司。

◇ 与外资投资者共同发起成立华融融德，从事基于不良资产的特殊机遇投资业务，华融融德为中国第一家由金融资产管理公司控股的中外合资资产管理公司。

◇ 完成了财政部政策性不良资产回收考核目标任务，现金回收率处于同业领先水平并且保持了较低的处置成本。

2007 年

◇ 联合中国葛洲坝集团有限公司共同发起设立华融证券，为首批由金融资产管理公司成立的证券公司之一。

2008 年

◇ 重组中国最早的信托投资公司之一的新疆国际信托投资有限责任公司，并设立华融信托，为首家由金融资产管理公司控股的信托公司。

2009 年

◇ 明确了"市场化、多元化、综合化、国际化"的发展方向并全面启动商业化转型，实施"大客户战略"，积极与省市政府、其他金融机构、大型实体企业建立战略合作关系并提供综合性金融服务。

◇ 完成对珠海市横琴信东房产实业开发公司的重组，并设立华融置业。

2010 年

◇ 率先规模化开展收购重组类业务，引领同业确立了市场化环境下金融资产管理公司的主流业务模式。

◇ 重组湖南原株洲、湘潭、衡阳、岳阳商业银行和邵阳信用社，以新设合并方式成立华融湘江银行，为首家由金融资产管理公司控股的商业银行。

◇ 与重庆渝富资产经营管理集团有限公司共同出资组建华融渝富，为首家由金融资产管理公司与地方政府融资平台联合成立的私募基金管理公司。

◇ 华融金融租赁在全国银行间债券市场成功发行 10 亿元金融债券，为中国金融租赁公司通过金融债券方式进行市场化直接融资的首例。

◇ 完成对海南星海期货经纪有限公司的重组，并设立华融期货。

◇ 在中国企业创新论坛 2010 年年会上，获得"2010 年度中国最具创新力企业"荣誉称号。

2011 年

◇ 与澳大利亚国民银行集团签署合作谅解备忘录，迈出探索实施"走出去战略"的第一步。

◇ 在中国经济发展论坛中获得"2011 中国经济最具发展潜力企业奖"。

◇ 股份制改革方案定稿并上报国务院，于次年获得正式批准。

2012 年

◇ 中国华融资产管理股份有限公司正式挂牌成立，由政策性金融机构转变为市场化金融机构。

◇ 总资产达 3150.34 亿元，成为总资产规模最大的金融资产管理公司。

◇ 获准进入银行间同业拆借市场，并取得发行金融债券业务许可，有力地拓宽了自身市场化资金投融资渠道。

◇ 被授予"全国企业创新示范基地"，获得"2011 年度中国品牌 100 强"荣誉称号和"2011 年度最佳社会责任实践案例奖"，企业形象和社会影响力显著增强。

◇ 在财政部金融类国有及国有控股企业绩效评价考核中获得"优"（A 类"AAA"级）评级，为所有金融机构中的最高评级。

2013 年

◇ 成立华融国际这一海外战略平台，国际化战略的实施取得重要进展。

◇ 成功发行 120 亿元金融债，这是当时中国市场公开发行金额最大的金融资产管理公司金融债券。

◇ 通过信托公司向新华保险筹集长期资金 100 亿元，作为对外融资以及优化负债结构方面的一个新举措。

◇ 在财政部金融类国有及国有控股企业绩效评价考核中再次获得"优"（A 类"AAA"级）评级，为所有金融机构中的最高评级。

2014 年

◇ 成功引进中国人寿集团、美国华平集团、中信证券国际、马来西亚国库控股公司、中金、中粮集团、复星国际,以及高盛集团的战略投资。

◇ 国际三大权威信用评级机构惠誉、标普和穆迪都给予 A 类主体信用评级。

◇ 成功发行 200 亿元金融债,是当时中国市场公开发行金额最大的金融资产管理公司金融债券之一。

◇ 通过华融国际的子公司发行 15 亿美元的美元债券,为公司首次境外发行的美元债券。

◇ 成立上海自贸区分公司,是当时唯一一家由金融资产管理公司在上海自贸试验区设立的分支机构,并成立华融前海财富,实现国际化战略的拓展。

◇ 在行业内率先以收购重组类债权资产为基础资产发行信贷资产证券化产品,积极尝试表外业务的轻资产运营模式。

2015 年

◇ 成功在香港联合交易所主板上市,标志着公司"五年三步走"发展战略完美收官。

◇ 先后成立华融赣南产融投资有限责任公司、华融广东自贸区投融资控股有限公司、华融(天津自贸区)投资股份有限公司、华融华侨资产管理股份有限公司等子公司平台。

◇ 通过华融国际的子公司设立 50 亿美元的中期票据计划,并首期成功发行 32 亿美元债券,为全球 S 规则最大规模高等级美元金融机构债券。

◇ 成功发行350亿元金融债，是截至最后实际可行日期中国市场单次公开发行金额最大的普通金融债券。

2016年

◇ 1月13日上午，与天津市人民政府签署了战略合作协议。同日，华融（天津自贸区）投资股份有限公司正式揭牌开业。

◇ 1月26日，经中国银监会批准，由公司控股并与安徽省政府合作组建的华融消费金融股份有限公司在安徽合肥正式对外营业。这是中国银监会批准的第一家由我国金融资产管理公司发起成立的消费金融公司。

◇ 3月2日，在全国银行间债券市场成功簿记发行100亿元金融债。3月4日，募集资金已全部到账。

◇ 3月14日，香港恒生指数有限公司通知中国华融（2799.HK）即日起入选恒生中国H股金融行业指数。

◇ 3月16日，与远洋地产控股有限公司在北京签署战略合作框架协议。

◇ 4月11日，华融资本管理有限公司在公司总部举行揭牌仪式。

◇ 4月14日，银行间市场资金交易量突破1万亿元。截至2016年4月14日，公司累计完成资金交易2657笔，交易量10004.14亿元，累计取得资产配置收益7.39亿元，资产配置整体收益率达到3.97%。

◇ 认真落实中央精准扶贫要求，拟投入定点扶贫资金600万元，集中力量加强宣汉县农业产业开发和民生工程建设。

◇ 5月20日，经国家有关部门批准，通过境外平台公司将2015年初设立的中期票据计划的规模由50亿美元更新至110亿美元，并于5月26日成功定价发行25亿美元境外债券。此次是中国华融第四次成功境外发债，标普和惠誉分别给予"BBB+"和"A"的债项评级。

◇ 6月14日，与锦州银行股份有限公司在北京签署了战略合作协议。

◇ 6月15日，由公司控股的华融（福建自贸试验区）投资股份有限公司在厦门正式挂牌成立。

◇ 6月23日上午，与青海省人民政府签署全面战略合作协议。同日，经国家有关部门批准，由双方共同组建的华融昆仑青海资产管理股份有限公司在西宁正式揭牌。

◇ 8月4日下午，与浙江省人民政府签署全面战略合作协议，共同组建"华融黄公望金融小镇"和"华融公望基金管理公司"。

◇ 8月16日，与中国民生银行股份有限公司签署了战略合作协议。

◇ 9月14日，通过境外平台公司首次发行5亿美元非次级担保永续证券，获得穆迪、惠誉给予的"Baa1"和"A-"债项评级。

◇ 11月8~10日，联合亚洲开发银行在上海举办国有资产管理公司国际论坛（International Public AMCs Forum，IPAF）亚欧不良资产管理金融稳定研讨会。

◇ 11月15日，由公司控股并联合北京市政府、顺义区政府有关方面共同组建的华融新兴产业投资管理股份有限公司在北京正式挂牌成立。

◇ 11月15日，通过境外平台成功发行30亿美元债券，这是2016年亚洲（除日本）交易规模最大的S条例美元高级债券。

◇ 12月27~29日，中国华融（澳门）国际股份有限公司正式开业。

二 中国长城资产管理股份有限公司大事记*

1999年

◇ 10月18日，中国长城资产管理公司在北京正式挂牌成立。
◇ 划转获得长城金桥金融咨询有限公司。
◇ 11月12日，资产重组重庆渝港钛白粉股份有限公司，并于2001年11月20日保荐渝钛白恢复上市。

2000年

◇ 5月11~12日，作为第四届"中国北京高新技术产业国际周世界新经济论坛"的协办单位之一，向社会各界和海内外客商推出金额127亿元的120个资产项目，其中有12个项目达成了直接投资意向，首批拟合作项目达35个，涉及资产35亿元。

◇ 6月1日，与美国泛亚通公司签署《电子商务合同》。双方通过电子商务网络在资产重组、资产置换、资产租赁、资产拍卖及资产证券化等方面进行合作。

◇ 6月15日，在大连举行"中国长城资产管理公司资产租赁

---

* 来源于长城公司网站

签字仪式"，与该市15户承租者签订了资产租赁协议，资产总额7643.6万元，协议租金1640.1万元，开创了金融资产管理公司租赁业务先河。

◇ 8月30日，牵头债转股湖南长元人造板股份有限公司新公司挂牌；长元人造板成为公司第一家正式挂牌的债转股新公司。年末该公司一次性回购股权400万元，实现当年转股、当年盈利、当年回购。

◇ 9月，收购香港农银投资有限公司。

◇ 11月1~2日，由信达、华融、长城和东方联合主办的"2001不良资产处置国际论坛"在北京召开，来自世界银行、国际货币基金组织、亚洲开发银行，20多个国家和地区的资产管理公司、投资银行以及我国财政部、人民银行等部门的600多位代表到会。

◇ 12月15~26日，组织30个办事处举办"全国资产拍卖周"活动。其间，参拍项目达542个，涉及资产原值49.35亿元；实际成交项目240个，成交金额2.55亿元。举办全国性资产拍卖活动是中国拍卖史上的第一次。

◇ 12月28日至2002年3月30日，公司沈阳办事处举办了3场债权拍卖会，参拍标的物共210个，涉及账面金额合计44981万元，成交金额862万元。创造了通过拍卖将债权直接转化为现金的资产处置方式。

2001年

◇ 4月8日和5月22日，先后获得上海证券交易所和深圳证券交易所特别会员资格。

2002 年

◇ 9月10日，公司全系统员工捐款285250元为陕西省陇县建立一所"长城希望学校"并设立"扶贫助教"基金，捐助当地贫困学生。

◇ 10月8～31日，在全国各地举办"全国债权拍卖月"活动。

2003 年

◇ 截至年底政策性处置的业务操作系统基本建设完成，12月"综合经营管理系统——核心业务处理系统"通过了中国人民银行组织的科技成果技术鉴定，荣获金融系统科技进步二等奖。

2004 年

◇ 4月27日，与美国花旗集团金融产品有限公司签署《贷款购买与出售协议》，拟整体处置广州惠州、汕尾地区617户总值23.26亿元的不良债权。

◇ 5月11日，作为主承销商，成功发行晋西车轴股份有限公司股票；5月26日，晋西车轴股票在上海证券交易所公开上市交易。

◇ 8月至2005年8月，进行了向中国信达资产管理公司收购中国银行、建设银行可疑类不良贷款的一系列洽谈、竞标活动，最终收购了中国银行可疑类贷款中的7个资产包。其中，2005年5月10日，青岛综合包、青岛纺织包中标；2005年6月22日，上海综合包、福建莆田啤酒包中标；2005年7月4日，深圳龙岗包、上海机电包议标中标。

2005 年

◇ 3~6月，竞标获得工商银行可疑类贷款资产包17个，金额2570亿元。

◇ 8月，根据国务院领导同志批示和银监会要求，负责组织了广夏（银川）实业股份有限公司（000557）债务重组债权人会议并担任债权人会议主席单位，重组上市公司广夏（银川）实业股份有限公司。

◇ 8月，完成贵州信邦制药股份有限公司重组工作，新股份公司开始运行。持有信邦制药投资总计9850万元，其中股权2060万股，持股比例为31.64%；债权投资5009万元。

◇ 11月5日，完成国投海南水泥有限公司债转股，国投海南水泥有限公司债转股出资人签字仪式顺利举行。至此，在四家资产管理公司中率先完成全部牵头债转股企业改制工作。

2006 年

◇ 4月，重组新疆租赁，并于2008年2月将其变更为长城金融租赁有限公司。

◇ 5月17~18日 在浙江杭州成功举办了四大资产管理公司成立以来规模最大的一次商业性不良资产推介会。推介会上，推出了精心准备的248个项目、728亿元资产进行招商洽谈。

◇ 6月26日，成立长城国富置业有限公司。

◇ 9月，组织办事处参加了厦门"投洽会"和长沙"中博会"，针对商业化资产100多个重点项目进行了招商推介，涉及债权金额达400多亿元。

◇ 9月13日，入股湖南天一科技股份有限公司，天一科技股票于2008年6月10日复牌交易；与湖南平江县国资局就湖南天一科技股份有限公司正式签署股权转让协议；11月底国务院国资委批复同意上述股权转让方案；中国证监会于12月12日正式受理公司有关申请，2007年1月中国人民银行和财政部批复同意天一科技股改方案。2008年6月10日天一科技股票复牌交易。

◇ 9月22日，与辽宁省人民政府本着"政府组织，统一运作，分期付款，互利共赢"的原则，签署了《债权转让框架协议》和《债权转让协议》。成交债权包括中国工商银行可疑类贷款550户，本金97.38亿元。

◇ 积极配合商务部实施"减债脱困工程"，大力推进国有流通企业债权资产处置工作，取得显著成效。其中工行包资产涉及162户，债权总额541946万元，本金299689万元；农行包资产涉及2户，债权总额3855万元，债权本金2460万元。

◇ 政策性不良资产基本处置完毕，全面完成财政部下达的经营责任目标，累计处置原值3206亿元，占购入原值的95%；累计回收现金334亿元，为责任目标的1.25倍。

2007年

◇ 4月24日，全国国有企业政策性关闭破产工作会议暨全国企业兼并破产和职工再就业工作先进集体和先进个人表彰会议在北京京西宾馆召开。公司资产经营部、兰州办事处被评为先进集体，王宝明、杨朝军、张凤霞、耿全会4人被评为先进个人，并在大会上受到表彰。

◇ 5月15日，参加了商务部和财政部联合组织召开的2007

年"减债脱困工程"第一批试点工作会议。经初步核查，2007年"减债脱困工程"第一批涉及公司的国有流通企业有157户，债权总额为30亿元，本金为18亿元。

◇ 9月7日，总裁赵东平主持召开中国长城资产管理公司ISO9001质量管理体系和风险管理项目实施动员大会，这标志着中国长城资产管理公司ISO9001质量管理体系和风险管理项目在全系统全面启动。

◇ 首次把利润作为业务经营的核心目标，经营理念实现重大转变，全年实现账面利润1.71亿元，完成年度利润计划的114%。

2008年

◇ 2月18～19日，总裁赵东平参加新疆长城金融租赁有限公司开业仪式，并同中央政治局委员、新疆维吾尔自治区党委书记王乐泉同志一起为新疆租赁揭牌。

◇ 4月29日，公司中行资产包重点项目山东大宇汽车零部件有限公司项目通过竞价转让方式，一次性收回现金27574万元，加上以前该项目回收现金1504万元，累计回收现金29078万元，按收购时外汇牌价，本金收回率为100.35%。该项目的成功运作，为青岛中行资本金包保本退出做出了贡献。

◇ 5月12日，四川汶川8.0级特大地震发生后，公司党委迅速部署捐款救灾活动，以公司名义向灾区捐款100万元，个人累计向灾区捐款56.12万元，成为同业公司中的首家捐款单位；同时，缴纳"特殊党费"112.5万元、"特殊团费"2.58万元等，公司全系统累计捐款292.2万元。

◇ 6月20日，公司综合经营管理系统四期（2）正式上线。

◇ 上半年，商业化资产收购取得重大成果，通过市场竞价收购华夏包本金12.8亿元，收购光大资产包本金59.6亿元。

2009 年

◇ 3月，成立长城融资担保有限公司。

◇ 6月8日，在天津成立新金融研发中心。

◇ 6月11日，发起设立天津金融资产交易所，搭建金融资产交易平台。

◇ 6月15日，与美国中道资本顾问公司在北京签署合作框架协议，在投资银行业务、并购重组、金融咨询以及人才交流与培训等方面开展合作。

◇ 7月29日，与甘肃省兰州市政府签署战略合作协议，以打造西部区域金融中心为目标，在兰州市国企重组、融资融券和支持中小企业发展等方面开展深度合作。

◇ 10月17日，与日本生命保险相互会社合资成立长生人寿保险有限公司，这是中国金融资产管理公司中唯一一家中外合资人寿保险公司。

◇ 12月28日，与天津市政府签署战略合作协议，深入推进新金融产品研发、金融资产交易市场建设以及其他金融领域的战略合作。

2010 年

◇ 4月21日，向青海玉树地震灾区捐款207万元。

◇ 6月10日，以第一协办方的身份多层次参与了在天津举办的第四届中国企业国际融资洽谈会，主办了以"危机时代与金融产品创新"为主题的论坛,举办了以"新财富:金融资产与金融产品"为主题的金融资产及金融服务产品展示洽谈会,推出了400多个投融资项目和丰富的金融服务产品。

◇ 6月11日,天津金融资产交易所揭牌成立。这是公司与天津产权交易中心共同发起设立的国内首家金融资产交易所,成为我国第一家覆盖全国的金融资产交易平台,填补了我国金融产品交易领域的空白。

◇ 11月26日,公司信息技术服务和信息安全管理体系(简称"ISO27001体系")通过中国信息安全认证中心认证,信息化管理迈上新台阶。

2011年

◇ 4月16~17日,在京召开一季度经营分析会议。

◇ 6月10~11日,作为第一协办方,参与承办天津"第五届中国企业国际融资洽谈会"。在此期间举办了"公司投融资业务和资产经营业务培训班"。

◇ 7月25~28日,在牡丹江召开年中工作会议,在会议上正式发布了《中国长城资产管理公司企业文化理念体系》手册。

◇ 9月1日,成立"办事处转型发展改革试点工作领导小组",按照"授权经营、单独核算、利润留成、绩效考核、风险约束、稳健发展"的指导原则,对北京、石家庄、哈尔滨、上海、南京、杭州、广州、成都8家办事处率先启动转型改革试点,全力打造"有产品、有客户、有效益、有人才、有机制"的"五有"办事处。

◇ 11月15日,与北京农商银行股份有限公司签署战略合作协议。至此，中国长城资产管理公司已先后与福建省人民政府、黑龙江省人民政府、大连市人民政府等地方人民政府，招商银行、交通银行、农业银行、工商银行、哈尔滨银行、北京农商银行等大型金融机构，华润（集团）公司、北大荒集团等大型集团企业签署了战略合作协议。

◇ 12月3～4日，高标准通过了ISO27001信息安全管理体系监督审核和ISO20000信息技术服务体系认证。

◇ 12月16日，获得大公国际资信评估有限公司授予的AAA主体信用等级。至此，中国长城资产管理公司已连续获得三家国内权威资信评级机构（另外两家为联合资信评估公司、上海新世纪资信评估公司）授予的AAA最高主体信用等级。

◇ 12月31日，全年商业化合并利润实现30.68亿元，同比增长329%，形成了办事处、子公司、总部事业部"三驾马车"并驾齐驱，资产管理、阶段性投融资、特色化中间服务和专业化平台业务四类业务齐头并进的良好发展局面。

2012年

◇ 7月23～25日，在吉林松原召开年中工作会议，明确提出"增效益、稳发展，拓业务、显特色，保退出、促股改，严管理、控风险，强班子、壮队伍"的"五句话、十个关键词"要求，并首次提出要在深化办事处试点改革的基础上，着力打造"精""标"办事处、"优""良"子公司和"领航型"事业部。

◇ 8月1日，财政部下发《关于确认中国长城资产管理公司2011年度绩效评价结果的通知》（财金函〔2012〕101号），根据《金融企业绩效评价办法》和2011年度金融企业绩效评价标准，确认公司商业化业务绩效评价结果为优（A类AA级）。

◇ 8月10日，在京举办"我心中的长城"企业文化视频演讲比赛，以"内化于心、固化于制、外化于形、优化于效"为目标，深入推进企业文化落地深植。

◇ 8月23日，重组成立长城国融投资管理有限公司，合并原三家子公司河北长金资产经营公司、广东长城资本管理公司和天津中小企业金融服务公司。

◇ 9月，成立长城（天津）投资基金管理有限公司，于11月发起设立北京长富投资基金（有限合伙）。

◇ 10月18日，在京隆重举办系统内首届职工运动会、老干部茶话会等"司庆十三周年"系列活动。来自公司系统30家办事处、10家平台公司和公司总部的近1500名干部员工参加了此届运动盛会。

◇ 11月，连续第二年被中国企业文化研究会评为全国"企业文化建设优秀单位"。

◇ 12月14日，《金融时报》刊发《打造优秀长城文化，引领公司持续发展》的专题报道。

◇ 12月26日，与恒丰银行、齐鲁银行签署战略合作协议。

◇ 12月31日，圆满完成全年各项任务目标，共实现拨备前净利润60.16亿元，完成全年确保目标的158%、力争目标的127%；有21家办事处、3家子公司、3家事业部实现了创利过亿元；集团总资产达到1074亿元，较上年增长101%；净资产达到219亿元，较上年增长35%。同时工行包资产处置基本收尾，商业化业务全面发展，初步形成了涉及11个细类、70余种产品的综合业务体系和"12345"的综合经营格局。

2013 年

◇ 1月15日，被中国金融思想政治工作研究会授予"2011~2012年全国金融系统企业文化建设先进单位"称号。这是中国长城资产继2011年、2012年连续两年被中国企业文化研究会评为"企业文化建设优秀单位"后，再获全国金融系统的认可和表彰。

◇ 2月27日至3月1日，在京召开2013年度工作会议暨纪检监察工作会议，对全年工作提出"一个贯彻"（深入贯彻落实党的十八大精神）、"六个坚持"（坚持以发展为目标、以创新为动力、以客户为中心、以管理为保障、以人本为基础、以股改为契机）、"五个建立"（加快建立稳固的经营架构、完善的业务体系、持续的盈利模式、科学的管理机制和优秀的人才队伍）、"一个提升"（全面提升公司可持续发展的核心竞争力）、"一个确保"（确保公司中期发展战略"第一步"规划目标的圆满实现）的总体要求。

◇ 5月19日，收到来自四川省慈善总会的《感谢信》，感谢公司在"4·20"四川芦山地震发生后积极向灾区捐款的爱心义举。公司给四川省慈善总会的具体捐款金额共计312.68万元，在《感谢信》中提及的308.80万元之后，陆续还有追加的成都办事处员工捐款1.55万元、长城新盛信托员工捐款2.33万元。

◇ 6月28日，在中国银行业协会组织召开的《2012年度中国银行业社会责任报告》发布暨社会责任工作表彰大会上，被授予2012年度"最佳社会责任实践案例奖"，是此次表彰中唯一获此殊荣的金融资产管理公司。

◇ 10月31日至11月3日，应邀参展第九届北京国际金融博览会，并获评"最具创新力金融企业"。此外，年内还先后参展

"首届中国中小企业投融资交易会"（2013年7月）、"中国国际金融展"（2013年9月），分别被授予"最佳中小企业金融服务机构"称号和"优秀金融品牌奖"。

◇ 11月13日，与华泰保险集团股份有限公司签署战略合作协议。

◇ 12月16日下午，举行博士后科研工作站揭牌暨首届博士后入站仪式。

2014年

◇ 2月，全面启动中期发展战略"第二步"规划实施。在2013年圆满完成中期发展战略第一步"打基础、建机制"各项工作任务的基础上，2月上旬，印发《关于实施中期发展战略规划第二步的若干意见》，全面启动中期发展战略第二步"上台阶、创品牌"规划的实施，提出以"股改、引战、上市、国际化发展"为主线，"咬定规划不放松，一张蓝图干到底"，打造公司转型发展"升级版"。以此为引领，于2月下旬召开了系统2014年度工作会议，提出了全年工作的"四大目标""五大保障"和"九大措施"，全面推进各项工作开展。

◇ 3月，积极选派干部深入新疆基层住村开展"访民情、惠民生、聚民心"活动。同年4月和6月，公司领导分别赴新疆看望慰问住村工作组干部，实地考察驻村工作、生活环境，并听取驻村工作组专题汇报。

◇ 5月26日，在总部举行优质客户企业信用等级授牌仪式，来自福建、浙江、内蒙古、云南、新疆、湖南等地区的14家AA级以上优质客户企业获得了信用等级授牌。这标志着公司培育优质客户群体、实施差异化授信和金融服务管理的工作，步入了一个新的阶段。

◇ 6月，在中国银行业协会2013年度社会责任工作评选活动中，被授予中国银行业"年度最佳社会责任实践案例奖"。这是继2012年之后公司连续第二年获此殊荣，公司也是唯一一家获奖的金融资产管理公司。

◇ 7月15~17日，在京召开了2014年中工作会议暨风险管理工作会议。

◇ 9月10日，首次在香港成功发行5亿美元金融债券。此次境外发债是中国长城资产首次涉足境外债券市场。

◇ 9月16日，公司总规模为12.12亿元的"长元2014年第一期信贷资产支持证券"在银行间债券市场成功发行。此为公司发行的首单资产证券化产品。

◇ 10月，在中国内审协会组织的2011~2013年度全国内审先进单位的评选活动中，再次被评为"全国内部审计先进集体"。这是公司自2005年以来连续四届获评此项荣誉称号，公司也是同业中唯一一家获此殊荣的金融资产管理公司。

2015年

◇ 1月，全面入主德阳银行和厦门证券（重组后更名为"长城国瑞证券"），正式形成了涵盖银行、证券、保险、信托、基金、金融租赁等"金融全牌照"的现代金融集团格局。

◇ 4月，收到新疆维吾尔自治区党委和政府发来的感谢信，感谢公司长期以来对新疆经济社会发展给予的支持和帮助，特别是2014年3月以来，积极响应自治区党委开展"访民情、惠民生、聚民心"活动的号召，主动深入基层，在驻村工作中做出了不平凡的业绩。

◇ 5月，经中国银监会批准，公司上海自贸试验区分公司在上海陆家嘴金融中心正式开业，公司的国际化战略布局再添新翼。

◇ 6月11日，在香港成功发行10亿美元债券。

◇ 6月30日，科迪乳业（股票代码002770）在深圳证券交易所挂牌上市，标志着公司经过十余年悉心运作的科迪资本金项目取得阶段性成功，实现了国有资本保值增值。

◇ 7月，增资扩股长生人寿保险有限公司。中国保监会批准长生人寿保险有限公司注册资本金从13亿元增至21.67亿元。增资后，长生人寿股权结构变更为：中国长城资产持股51%，日本生命保险相互会社持股30%，长城国富置业持股19%，中国长城资产及其下属公司长城国富置业合计持股比例达70%。

◇ 8月12日，"上海超日"（重组后更名为"协鑫集成"）恢复上市，复牌后首个交易日股价涨幅达986.07%，这标志着由公司主导策划的、历时22个月的"ST超日"破产重整项目终于获得圆满成功。

◇ 8月31日，财政部正式向公司下发转型改制实施方案，标志着公司的股改工作已经实质性启动。这是公司发展史上具有重要里程碑意义的大事，标志着公司向全面商业化经营、构建现代企业制度、完善法人治理结构迈出了坚实的步伐。

◇ 9月，成功发行"金桥通诚2015年第一期信贷资产支持证券"。

◇ 12月，对主要平台公司全部实现绝对控股，集团整体协同取得历史性突破。

2016 年

◇ 1月15日，召开新标识启用动员（视频）会议，以视频短片的形式正式发布新标识。

◇ 2月1~3日，在京召开2016年系统工作会议。

◇ 5月13日，中国金融工会在北京召开2016年全国金融系统先进集体、先进个人表彰大会。公司海口办事处被授予"全国金融五一劳动奖状"，投资投行事业部李文浩、南京办事处钱宗宝被授予"全国金融五一劳动奖章"，西安办事处被授予"全国金融系统职工代表大会制度建设示范单位"荣誉称号。

◇ 6月24日，在中国银行业协会召开的《2015年度中国银行业社会责任报告》发布暨社会责任工作表彰会上，被授予中国银行业"年度最佳社会责任实践案例奖"。这是继2012年、2013年之后，公司第三次获此奖项。

◇ 10月18日，标普、穆迪和惠誉三家国际评级机构正式对外宣布了对公司的信用评级结果，其中惠誉给予A等级评级、标普给予A-等级评级、穆迪给予A3等级评级。

◇ 10月20日，通过境外平台公司设立65亿美元中期票据项目，并成功发行首期15亿美元债券。这是公司首次依靠自身主体信用评级（惠誉A、标普A-、穆迪A3）公开发行债券。

◇ 11月25日，中国长城资产管理股份有限公司创立大会在北京召开，公司注册资本为431.5亿元，由财政部、全国社会保障基金理事会、中国人寿保险（集团）公司共同发起设立。

◇ 12月11日，中国长城资产管理股份有限公司在京正式挂牌成立，是我国四大金融资产管理公司股份制改革的收官之作，也是深化国有金融机构改革的重要成果。

◇ 12月16日，德阳银行更名长城华西银行发布会在成都举行。

◇ 12月22日，在中国中小企业协会成立十周年大会上，荣获"优秀金融服务机构"称号。

三 中国东方资产管理股份有限公司大事记*

1999年

◇ 10月15日，中国东方资产管理公司在北京正式成立。

◇ 10月25日，与江西凤凰光学仪器有限公司在北京正式签署债转股框架协议，这是公司与债转股企业签署的第一个框架协议。

◇ 10月28日，牵头和国家开发银行、信达资产管理公司、华融资产管理公司一起与浙江化纤联合集团股份有限公司共同在北京签订债转股协议，这是全国第一次多家债权人与企业联合签署债转股协议。

◇ 11月23日，中国证券监督管理委员会批复公司，同意对公司从事资产管理范围以内企业的股票承销业务采取一事一议的方式，不专门颁发资格证书。

2000年

◇ 1月4日，中国人民银行正式批复公司，批准公司设立广

---

* 来源于东方公司网站。

州等25家办事处。

◇ 3月31日，中国人民银行正式批复公司，批准公司开办资产租赁业务。

◇ 5月31日，与香港中芝兴业财务有限公司在北京联合举办"利用外资参与国有企业资产重组研讨会"。

◇ 6月底，基本完成2674亿元不良资产的收购工作。

◇ 9月，基本完成国家经贸委下达的债转股任务，共与220家企业签署了转股协议，转股金额约630亿元。

◇ 9月5日，与国泰君安证券股份有限公司签署合作备忘录。

◇ 9～10月，分别在北京、南京、广州、西安、大连召开外贸企业不良资产处置座谈会，会后出台了《外贸企业资产处置指引》。

◇ 11月28日，由中国银行牵头，与中国银行组成清算组对中国东方信托投资公司实施清算，原中国东方信托投资公司投资业务及相应负债由公司承接、管理和处置。

◇ 12月22日，牵头组织实施的首家债转股企业绍兴丝织厂有限责任公司正式挂牌成立。

◇ 12月25日，中国证券监督管理委员会向公司颁发《经营股票承销业务资格证书》，正式批准公司在资产管理范围内从事股票承销和上市推荐业务。

2001年

◇ 2月和4月，分别成为深圳证券交易所和上海证券交易所的会员，具备了开展债券、股票承销以及相关资本运作业务的基本条件。

◇ 2月5日，与韩国资产管理公司（KAMCO）在北京签署关于不良资产处置的合作备忘录。双方将在不良资产处置、不良资产基金管理、信息系统建设、员工培训等方面开展广泛的合作和交流。

◇ 5月，分别与嘉德在线、中拍在线、中城房网三家公司签订合作协议，在资产上网销售和委托代理等方面开展全面合作。此举标志着公司利用电子商务等多种手段处置资产的工作进入实质性阶段。

◇ 5月底，苏州名佳利金属工业有限公司顺利完成工商变更注册登记，这标志着公司首个自营性债转股项目运作成功。

◇ 截至2001年6月底，有29户债转股企业完成新公司的注册登记工作，其中由公司牵头的企业有12户。

◇ 9月20日，借第六届世界华商大会和江苏金秋恳谈会契机，与申银万国证券有限公司、香港大业金银珠宝集团有限公司、香港泛益实业公司在南京签署了资产处置项目合作协议。

◇ 9月21日，与深圳外贸集团公司签署债权转股权协议，标志着全国商贸系统第一家债转股企业的诞生。

◇ 11月1日，在中国四家资产管理公司联合主办的"不良资产处置国际论坛"上，柏士珍总裁做主题演讲，同时推出48个项目，涉及金额32亿元。

◇ 12月初，向海外成功出售了一项总值近18亿元的不良贷款组合，首期回收金额2100万美元。

2002年

◇ 2月，顺利接收原东方信托投资公司的投资项目东方酒店管理有限公司,并召开新一届董事会。

◇ 2月,与中国银行联合下发《中国银行与中国东方资产管理公司合作管理、处置对共同债务人债权的指导原则》和《委托代理协议》。

◇ 4月,公司广州办事处将2001年底打包出售的沿江支行项目回收的第一笔资金汇入投资者设在香港的账户,这表明国外投资者在中国不良资产方面的投资已不存在政策障碍。

◇ 截至6月底,已向国家经贸委、财政部、人民银行报审了214户企业(其中牵头63户)的债转股方案和协议,其中209户(其中牵头62户)获得国务院正式批准。

◇ 8月,与中国银行联合派出工作组,专程赴莫桑比克和也门进行催收,按预定比例分别回收了77.1万美元和90万美元,最大限度地减少了国有资产的损失,为清收境外不良贷款开创了成功的范例。

◇ 12月6日,与美国不良资产咨询公司及奇耐力公司正式签署了不良债权转让协议,将拥有的东北地区60个项目的债权,账面价值近18亿元的不良资产,采取资产组合方式,整体转让给国外中小投资者。

2003年

◇ 12月,高贺臣书记赴山西省武乡县出席东方希望小学揭牌仪式。

2004年

◇ 2月24日,国务院批准了财政部《关于金融资产管理公司改革与发展问题的请示》，同意财政部制定金融资产管理公司实行目标考核责任制及配套措施。

◇ 4月，国际货币基金组织官员考察了公司哈尔滨办事处。这是国际货币基金组织第一次考察中国金融资产管理公司的运作情况，对公司哈尔滨办事处资产处置、业务创新、企业发展等方面取得的成绩给予较高评价。

◇ 4月28日，被确定为北京市公司律师试点单位，成为第一家获得试点资格的金融资产管理公司。

◇ 8月，按照银监会的要求成立了"建立金融资产管理公司信息披露制度"课题研究组。

◇ 10月18日，证监会决定委托公司托管经营闽发证券有限责任公司。

◇ 11月29日，与信达资产管理公司就批量处置不良贷款达成《债权转让协议》。按照协议，公司将从信达收购其所持的1289亿元原建设银行可疑类贷款。这是金融资产管理公司首次最大规模地以商业化手段打包处置国有商业银行的不良资产。

◇ 12月26日，财政部和中国人民银行联合向华融、长城、东方和信达四家资产管理公司提出开展托管业务的要求，下发了《财政部中国人民银行关于金融资产管理公司开展托管业务过程中有关问题的通知》。

2005 年

◇ 4月5日，受银监会委托承办的《金融资产管理公司信息披露办法》修改座谈会圆满结束。

◇ 4月18日，公司500亿元不良资产推介洽谈会成功举行，这是近年来公司举办的最大规模的一次推介活动。

◇ 6月25日，参加工行可疑类贷款招标会，成功竞得广东分行营业部、深圳、云南、江苏、合肥、湖北、天津、山西、大连、吉林10个资产包，中标金额合计1212亿元。

◇ 7月4日，深圳邦信投资有限公司从深圳办事处脱钩，由公司总部直属管理。

◇ 7月11日，受中国证监会委托，组织成立闽发证券有限责任公司清算组。

◇ 8月18日，南光集团债转股协议在北京签署，梅兴保总裁出席签字仪式。

◇ 8月30日，与中银集团投资有限公司在香港签署包括不良资产处置战略合作意向书等在内的一系列合作协议。

◇ 8月31日，加入中国银行业协会，成为中国银行业协会正式会员。

◇ 10月8日，公司资金财会系统（3.0版本）顺利投产使用，标志着公司的系统化建设取得了阶段性胜利和可喜进展。

◇ 11月3日，通过公开竞价将黑龙江地区139户、金额为35.28亿元的由企业债权组成的混合资产包成功转让。

◇ 12月1日，通过公开竞价将陕西地区284户、42.58亿元的资产包成功转让。

◇ 12月7日，与中信信托投资有限责任公司在北京正式签订《资产处置信托合同》。

◇ 12月22日，经商务部批准，公司与外方合资的顺威联合资产管理有限公司正式成立。

◇ 12月28日，公司投资建设的上海瑞丰国际大厦续建改造工程正式动工，建成后有望成为北外滩一个新的标志性建筑。

◇ 截至 12 月 31 日，公司各类不良资产当年处置收现达到创历史纪录的 105 亿元，拥有的不良资产规模超过 5000 亿元，资产量居同业之首。

2006 年

◇ 1 月 25 日，与云天化集团有限责任公司在云南昆明举行战略合作签字仪式，签署了《战略合作框架协议》和《财务顾问协议》。

◇ 3 月 31 日，在北京成功举行了可疑类资产推介会。此次推介资产规模达 520 亿元，广布于全国 23 个省区市，涉及债务企业近 2 万户。

◇ 4 月 26 日，开始进入全国银行间债券市场进行债券交易。

◇ 10 月 18 日，正式成立泛亚信托停业整顿工作组，进驻泛亚信托投资有限责任公司，并在吉林省人民政府风险处置工作领导小组统一领导下对该公司开展停业整顿工作。

◇ 11 月 21 日，获银监会同意，作为发起机构开展东元 2006—1 重整资产证券化试点项目，这是国内首次发行不良资产证券化产品。

◇ 12 月 18 日，商务部举行 2006 年国有流通企业"减债脱困工程"签约仪式，涉及公司本息合计 51 亿元的债权全部签订了债权处置协议。

◇ 12 月 30 日，梅兴保总裁在中国五矿集团公司总部与周中枢总裁签署了公司与五矿集团的《战略合作框架协议》。

2007 年

◇ 4月25日，与中国银行签订战略合作协议，梅兴保总裁和李礼辉行长分别代表双方在协议上签字。

◇ 5月11日至13日，与江苏银行正式签署战略合作协议。

◇ 5月17~19日，东信联合资产管理公司在北京召开成立大会暨第一次董监事会。东信联合资产管理公司是由公司与香港银建国际投资有限公司共同组建的。

◇ 7月4日，在银行间债券市场通过分销方式获得中国铝业公司5亿元短期融资券。

◇ 8月17日，公司控股的东兴证券股份有限公司第一次股东大会、第一届董事会第一次会议和第一届监事会第一次会议在北京顺利召开，表决通过了筹办情况的报告等议程，选举张子艾为东兴证券股份公司第一届董事会董事长。

◇ 10月21~22日，东兴证券（筹）在湖南承办股权及增值项目运作研讨会，强调要高度重视股权资产和其他各类资产的创新运作，加强资产管理，寻找机会，运用投行手段，实现资产增值，为公司转型服务。

◇ 10月29日，纪委书记王跃林到云南省大理州祥云县参加了公司团委组织的扶贫活动，向当地驿镇棕棚小学捐赠一批电脑设备，支持当地教育事业的发展。

◇ 11月6日，梅兴保总裁、陈建雄总裁助理出席了公司与中国建材集团公司战略合作框架协议和债务重组协议的签字仪式。

◇ 11月6日，银监会宣布中国科技国际信托投资有限公司撤销清算组进场工作。其撤销清算工作由公司受银监会委托承担，并按照公正、勤勉尽职、严格保密和控制风险等原则开展工作。

◇ 11月26日，牵头债转股企业山东如意成功上市。

◇ 12月17日，公司北京办事处与司法部直属煤矿管理局举行了《债务重组协议》签字仪式。

◇ 12月27日，中国外贸金融租赁公司重组改制方案获得银监会批准，金融租赁是继证券之后公司进入的又一金融领域。

◇ 12月28日，举行ISO9001质量管理体系认证颁证大会。通过ISO9001标准化认证，标志着公司在提升管理水平上迈出了关键性的一步。

2008年

◇ 3月10日，与美国通用电气下属的香港CFS INVESTMENT HOLDINGS（CHINA）LIMITED以及国际金融公司共同设立的中外合作经营企业——东富资产管理有限公司获准在上海成立。

◇ 4月1日，与天津市人民政府签订关于合作建设信用体系项目的框架协议。

◇ 5月12日，东兴证券股份有限公司获得证监会开业批复。

◇ 5月18日，在中央电视台举办的"爱的奉献"抗震救灾募捐晚会上，携手东兴证券通过民政部向灾区再捐200万元，用于回报曾经对公司资产处置等工作给予支持帮助的灾区有关地方。

◇ 6月30日，东元2006—1重整资产证券化项目（暨大连资产证券化项目）优先级资产支持证券本息提前全部兑付完毕。

◇ 7月8日，公司上海办事处与上海联合产权交易所联合举行"2008资产处置专场推介会"。

◇ 7月18日，与上海复星高科技（集团）有限公司签订战略合作意向书。

2009年

◇ 1月21日，提前完成武汉分层信托项目5亿元优先Ⅰ级受益权的本息支付。

◇ 4月，东方金诚国际信用评估有限公司增资手续办理完毕，公司占股60%，为东方金诚第一大股东。

◇ 5月，东兴证券全资子公司东兴期货有限责任公司成立。

◇ 6月3日，作为并列第一大股东参股的百年人寿保险股份有限公司开业。

◇ 9月17日，上海东兴投资控股发展公司完成改制工作，更名为上海东兴投资控股发展有限公司。

◇ 9月24日，通过公开挂牌转让方式，将持有的石家庄东方城市广场有限公司92.73%的股权向山东鲁商与银座股份联合竞买体转让，该笔交易为资产管理公司史上最大单笔资本金股权处置交易。

◇ 12月，财政部发文同意四家资产管理公司删去现有章程中关于公司生存期为10年的条款。

2010年

◇ 1月30日，财政部批复同意公司出资重组广州科技信托投资公司。

◇ 3月29日，公司牵头的政策性债转股企业宜宾天原集团股份有限公司首次在深圳证券交易所公开发行新股。

◇ 3月31日至4月2日，梅兴保总裁在上海参加上海东兴投资控股发展有限公司参与发起的时空五星创投基金揭牌仪式。

◇ 11月19日，公司领导出席东方加华（天津）股权投资管理合伙企业开业典礼暨合伙人首次会议。

◇ 12月20～21日，张子艾总裁出席公司与新疆维吾尔自治区人民政府战略合作框架协议签字仪式。双方签署框架协议后，东方资产管理公司兰州办事处、新疆国资委、新疆新业国有资产经营有限责任公司三方共同签订了关于新疆149家企业的《债权转让协议》。

2011年

◇ 3月8日，公司旗下的大业信托有限责任公司获得银监会批复，同意广州科技信托投资公司重新登记，更名为大业信托有限责任公司。

◇ 5月17日，中国东方资产管理（国际）控股有限公司在香港成立。

◇ 7月11日，中国人民银行批准东方金诚国际信用评估有限公司的评级结果可在银行间债券市场使用。

◇ 7月15日，东方金诚国际信用评估有限公司获国家发改委财金司批准开展非上市企业（公司）债评级业务。

2012年

◇ 4月20日，公司团委赴湖南省邵阳县文昌小学开展送金融知识下乡暨扶贫捐赠活动。

◇ 7月，根据中国证监会公布的《2012年证券公司分类结果》,东兴证券被评为 A 级。

◇ 8月28日,与中华联合签署融资协议,购买中华联合定向发行的 78.1 亿元特种债券。按协议约定,债券到期后,公司所持的特种债券即转为中华联合保险的股份,持有其 51% 的股权。

◇ 8月31日,与江苏银行在南京签署战略合作协议。

◇ 9月20日,与北京银行在深圳签署战略合作协议。

◇ 9月21日,与中国民生银行在公司总部签署战略合作协议。

◇ 9月26日,与哈尔滨工大集团在哈尔滨签署战略合作协议。

◇ 10月22日,与广发银行股份有限公司在广州签署战略合作协议。

◇ 10月24日,与南光集团在澳门签署战略合作协议。

◇ 11月21日,公司控股的中华联合保险获中国保监会批文。

◇ 11月29日,与国家开发银行在北京签署战略合作协议。

2013 年

◇ 9月13日,东方国际成功发行 6 亿美元债券,这是四大资产管理公司中首家在境外发行美元债券。惠誉、标普给予"A-""BBB+"信用评级结果。

◇ 10月17日,东方金诚获中国保监会评级机构能力备案,从而获得国内有关主管部门认可的全部评级资质,成为全国三家获得全资质的评级机构之一。

2014 年

◇ 1月,东方国际继 2013 年 9 月发行 5 年期 6 亿美元债券后,再次在境外实现 3 年期 25 亿元点心债成功定价。公司成为国内四大资产管理公司中首家在境外发行美元及人民币债券的公司。

◇ 4 月，张子艾总裁、徐勇力总裁助理出席了东方国际与鹰君集团的合作协议签字仪式。双方合作成立投资美国商业写字楼物业和投资具有红筹结构房地产企业的封闭式基金。

◇ 4 月，"东元 2014 年第一期信贷资产支持证券"在银行间债券市场成功发行，标志着公司成为唯一一家开展不良资产证券化和正常类信贷资产证券化的资产管理公司。

◇ 6 月，与中国进出口银行正式签署了《战略合作协议》。中国进出口银行是继国家开发银行之后第二家与公司建立战略合作关系的政策性银行。

◇ 6 月，与中国太平保险集团有限责任公司签署了战略合作协议。

◇ 7 月，由东方金诚评级的桐昆集团股份有限公司 2014 年度第一期短期融资券发行。此为东方金诚首单在银行间市场发行的由银行间交易商协会监管的非金融机构债务融资工具。

◇ 8 月，东方国际成功设立 20 亿美元境外中期票据计划并实现项下 10 亿美元债券成功定价，获 10 倍超额认购。

◇ 9 月，东兴证券通过上交所组织的现场检查和各项技术测试，顺利获得港股通业务首批券商资格。

◇ 9 月，中华财险北京分公司在北京保监局公布的最新车险理赔服务测评结果中，6 项指标综合排名第一，车险理赔服务获北京行业"最好"。

◇ 9 月，公司杭州办事处竞购农业银行绍兴分行不良资产包债权本息 16.57 亿元。

◇ 10 月，东方国际获香港证监会证券交易牌照（第 1 类受规管活动的牌照），业务范围可扩大至各类证券的配售、分销、账簿管理或承销，以及其他与企业融资相关的证券交易等。

◇ 12月，与上海陆家嘴金融发展公司、上海外高桥、中国信达联合发起设立了"上海自贸区股权投资基金"。该基金是我国首只专注于自贸实验区及内外联动的股权投资基金。

◇ 12月，在东方财富网、天天基金网主办的年度财经评选活动"2014东方财富风云榜"中，东兴证券获评"最具成长潜力证券公司"。

2015年

◇ 2月，与中国建设银行签署了《战略合作协议》。

◇ 2月26日，东兴证券首次公开发行5亿股人民币普通股（A股）股票，并在上海证券交易所上市，成为境内首家资产管理公司系上市券商。

◇ 4月，东方邦信旗下12家小贷公司以风险控制、特色产品、经营模式、社会责任等21个方面的优势，从8000余家参评小贷公司中脱颖而出，荣获"百强小贷"称号。

◇ 5月11日，与蚂蚁金服在杭州签署全面战略合作协议。这是公司积极响应国家"互联网+"行动计划、顺应金融行业新发展趋势、主动拥抱互联网的一项重要举措。

◇ 6月2日，与奇瑞汽车股份有限公司签署了长期战略合作协议。双方将在前期已开展业务基础上进一步加深合作，促进双方合作向更广、更深层次发展，同创共赢。

◇ 7月17日，东兴证券在香港设立全资子公司——东兴证券（香港）金融控股有限公司，注册资本3亿港元，主要从事香港市场证券交易代理、就证券交易提供融资、IPO 融资等业务，积极推进公司国际化业务的开展。

◇ 7 月 24 日，与安贞医院共同签署特许经营协议。双方拟在北京朝阳东坝地区共同建设并运营安贞国际医院，系公立医院以特许经营模式同社会资本合作办医的首例。

◇ 7 月 29 日，中华保险旗下万联电子商务股份有限公司在京举行开业典礼暨揭牌仪式，标志着中华保险在互联网保险业务领域迈出坚实步伐。

◇ 8 月 25 日，外贸租赁成功发行金融债券，在银行间市场公开募集 20 亿元三年期资金，票面利率为 4.64%。

◇ 8 月 31 日，收到财务部下达的经国务院批准的转型改制方案。

◇ 9 月，在资金运营及金融市场部的精心组织和设计下，北京办事处和大连办事处全力配合，公司与招商银行合作的首单类资产证券化产品——资产通项目成功落地。

◇ 9 月，由东方金诚评级的国内首只专项企业债"2015 年泸州市城市停车场建设项目收益专项债券（第一期）"通过国家发展改革委核准，正式发行。

◇ 11 月，东方邦信创投携手大地数字院线引入外部资金，主导成立了东方大地影视基金，成功迈出文化传媒领域市场化基金运作第一步。

◇ 11 月 23 日，中华联合人寿保险股份有限公司获得中国保监会开业批准。12 月 18 日，中华联合人寿举办了开业庆典暨平台及产品发布会。

◇ 12 月，东方国际与 KKR 共同投资设立境外投资基金，专注于不良资产重组、打折收购资产和其他特殊机会投资等。

◇ 12月17日，公司党委书记吴跃先后组织召开有总部各部门总室成员、中层及以下党员群众参加的两个征求意见座谈会，听取对公司党委班子、班子成员在践行"三严三实"方面的意见建议。

◇ 12月23日，深圳市银宝山新科技股份有限公司公开发行的3178万股股票正式在深圳证券交易所挂牌上市，它是东方资产系第二家上市公司。

◇ 12月23日，公司投资控股大连银行股份有限公司的方案获得财政部的批准，同意公司持有大连银行50.29%的股份，成为控股股东；12月30日，公司对大连银行增资的方案获得大连银监局批准。

2016年

◇ 1月，公司旗下互联网金融平台东方汇与国家信息中心直属企业国信嘉宁签署战略合作协议，双方将围绕互联网金融平台电子信息数据安全开展全方位合作。

◇ 1月19日，中华财险牵手京东金融，创新农村金融服务。

◇ 1月26~28日，在京召开2016年工作会议，总结2015年工作，分析当前面临的形势和问题，研究部署2016年工作。

◇ 1月20~22日，积极响应中央号召，赴湖南邵阳县开展扶贫调研。吴跃书记、辛学东副总裁到湖南邵阳县调研扶贫工作，走访慰问困难群众，看望公司驻县和驻村扶贫干部，并和邵阳县委、县政府主要领导进行座谈。

◇ 1月22日，中国东方资产管理（国际）控股有限公司

("东方国际")、东方藏山资产管理有限公司("东方藏山")和 KKR 宣布达成战略合作协议,共同投资中国市场,并探索更广泛的战略合作。

◇ 2月28日,东兴证券(香港)金融控股有限公司在香港开业。东兴证券(香港)成为继东银发展、东方国际后公司的第三个海外业务平台。

◇ 4月19日,在"县域经济与金融创新"论坛上,公司旗下邦信资产管理有限公司、东方邦信融通控股股份有限公司,与青田县人民政府及浙江山口建筑工程有限公司签署了战略合作协议和投资意向协议。

◇ 4月20日,中国证券监督管理委员会发行审核委员会对东兴证券股份有限公司非公开发行不超过80亿元A股股票的申请进行了审核,并通过该申请。

◇ 4月25~27日,公司党委组织部在京举办2016年公司系统中青年员工思想政治工作研讨会暨入党积极分子研修班,来自公司系统各单位的157名入党积极分子参加了培训学习。

◇ 5月,东方国际在境内设立的控股平台公司东方资产管理(中国)有限公司("东方中国")完成了首次主体评级,上海新世纪资信评估投资服务有限公司("上海新世纪")给予东方中国"AAA"的主体信用等级,评级展望为"稳定"。

◇ 5月4日下午,公司团委在总部组织召开以"我与东方共成长"为主题的公司党委领导与青年员工交流座谈会。

◇ 5月6日上午,公司党委召开"两学一做"学习教育部署会议,深入学习贯彻习近平总书记关于"两学一做"学习教育重要指示和中央"两学一做"学习教育工作座谈会精神,全面部署公司系统"两学一做"学习教育。

◇ 7月1日上午，公司党委召开纪念建党95周年表彰大会。会议由公司党委副书记张子艾同志主持，对公司系统优秀共产党员、优秀党务工作者和先进基层党组织进行表彰。

◇ 6月29日至7月1日，举行系统共青团工作培训暨团干部"两学一做"学习教育。

◇ 7月20日，根据银监会统一部署，按照《关于在公司系统全体党员中开展"学党章党规、学系列讲话，做合格党员"学习教育实施方案》，公司党委组织部举办公司系统党务骨干培训会议。

◇ 7月25日，东方国际境内子公司东方资产管理（中国）有限公司再次成功簿记20亿元二期私募公司债，此债券票面利率为4%，创国内同类型资产管理公司交易所私募公司债发行利率新低。

◇ 8月23日，在公司的大力支持与协助下，东方国际成功完成中期票据计划更新并增融至40亿美元，并于同日发行6.5亿美元债券。

◇ 8月30日，中国东方资产管理股份有限公司创立大会在北京召开，公司注册资本为553.63亿元，由财政部和全国社会保障基金理事会共同发起设立。

◇ 8月30日，东兴证券与大连银行签署战略合作备忘录，双方将在客户资源、渠道和具体业务方面开展全方位的战略合作。

◇ 9月，公司旗下互联网金融平台东方汇运营公司、东方邦信金融科技（上海）有限公司，在京宣布完成A轮引战，东兴证券投资有限公司成为东方金科的战略投资者。

◇ 9月，获准加入全国银行间同业拆借系统。

◇ 10 月 16 日，中国东方资产管理股份有限公司在北京举行成立大会。

◇ 12 月 13 日，"情系东方新长征"全辖职工演讲比赛决赛在京举行。

◇ 12 月，东兴证券入选上证 50、中证 100 样本股。

◇ 12 月，东兴证券荣获"领航中国·杰出服务奖"。

四　中国信达资产管理股份有限公司大事记[*]

1999 年

◇ 4 月，经国务院批准，中国信达资产管理公司注册成立，系我国首家金融资产管理公司。

◇ 收购中国建设银行 2500 亿元的不良贷款，开启国有银行不良资产专业化处置之路。

◇ 与北京水泥厂签署债转股协议，完成中国国有企业第一个债转股交易。

◇ 收购国家开发银行 1000 亿元的不良贷款。

2000 年

◇ 获得中国建设银行三批呆账，共计 230 亿元。

◇ 参与甘肃酒钢集团宏兴钢铁股份有限公司在上交所的首次公开发售，成为第一家开展证券承销业务的金融资产管理公司。

---

[*] 来源于信达公司网站。

◇ 对债务企业安徽蚌埠热电厂实施重组，系金融资产管理公司第一次通过引入外部战略投资者的方式进行债务重组。

2001 年

◇ 收购国家开发银行 140 亿元的不良贷款。

2002 年

◇ 开始以结构化交易方式向境外投资者出售不良资产，截至 2003 年出售三批共计 123 亿元的不良资产。

2003 年

◇ 受托处置中国最大电信运营商之一的 12 家子公司的不良资产，是首家接受非金融企业委托处置不良资产的金融资产管理公司。

◇ 作为主要债权人成功重组郑州百文股份有限公司并使之恢复上市，系第一笔由债权人主导上市公司重组的交易。

2004 年

◇ 以结构化交易的方式收购交通银行上市前剥离的 640 亿元不良贷款。

◇ 以竞标方式收购中国建设银行和中国银行 2787 亿元的不良贷款，成为当时中国最大的不良资产一级批发商。

◇ 经中国银监会批准，开始开展商业化收购不良资产、委托代理处置不良资产、抵债资产追加投资等新业务。

◇ 受中国证监会委托，托管汉唐证券、辽宁证券。

◇ 受财政部委托，代理处置中国建设银行股份制改革时核销的 569 亿元不良贷款。

2005 年

◇ 商业化收购上海银行 30 亿元的不良贷款。

◇ 在四大资产管理公司中率先完成财政部有关处置政策性不良资产的绩效考核，提前达到并超出财政部的绩效考评标准，并实现了最高现金回收率和最低费用率。

◇ 担任债委会主席单位，牵头以商业化方式重组上市公司（新疆啤酒花股份有限公司）。

◇ 以竞标方式收购中国工商银行北京、广东等 5 个不良贷款包，总额 581 亿元。

2006 年

◇ 与澳大利亚联邦银行所属的康联首域集团有限公司合资成立信达澳银基金，进入基金管理业务领域。

◇ 经中国人民银行和中国银监会批准，发行中国第一批不良资产证券化产品（信元 2006—1 重整资产支持证券），上市流通的优先级资产支持证券发行规模为 30 亿元。

2007 年

◇ 设立信达证券，进入证券业务领域。

◇ 发起设立幸福人寿保险股份有限公司，进入寿险业务领域。

◇ 商业化收购深圳市商业银行的不良资产包。

2008 年

◇ 收购浙江金迪期货经纪有限公司，并将其更名为信达期货有限公司，进入期货业务领域。

◇ 领导清算团队,担任华夏证券的破产管理人。

◇ 收购亨达国际控股有限公司,并将其更名为信达国际,拓展境外证券业务。

◇ 注册成立信达资本管理有限公司,开展私募股权业务。

◇ 再次发行以不良资产为基础资产池的证券化产品(信元2008—1),上市流通的优先级资产支持证券发行规模为20亿元。

◇ 作为中国建设银行信贷资产证券化交易的资产服务顾问,并持有次级资产支持证券。这是金融资产管理公司中第一家通过资产证券化方式参与银行不良资产处置。

◇ 完成反向收购上交所上市公司北京天桥北大青鸟科技股份有限公司,并于2009年将其更名为信达地产,实现房地产业务上市。

◇ 商业化收购光大银行的不良资产包。

2009年

◇ 通过不良资产包收购等财务重组交易,成为西安银行的股东。

◇ 成立信达财险,进入财险业务领域。

◇ 重组后的金谷信托重新登记开业,进入信托业务领域。

2010年

◇ 6月,经国务院批准,整体改制为中国信达资产管理股份有限公司,成为第一家完成股份制改革的金融资产管理公司。

◇ 将西部金融租赁有限公司(西部租赁)重组为信达租赁,进入融资租赁业务领域。

◇ 经中国银监会批准,开始收购非金融类不良资产。

2011 年

◇ 经中国人民银行批准，进入全国银行间同业拆借市场。

◇ 商业化收购北京农村商业银行不良资产，标志着商业化收购不良资产方法的突破性进展。

2012 年

◇ 4月，经国务院和中国银监会批准，引进全国社会保障基金理事会、瑞银、中信资本控股有限公司和渣打银行四家战略投资者，成为第一家引入战略投资者的金融资产管理公司。

◇ 6月28日，成为金川集团战略投资人。金川集团股份有限公司战略引资签约仪式在甘肃兰州举行，标志着金川集团财务性投资项目顺利完成。公司投资5亿元参与了该项目。

◇ 10月，在银行间市场发行100亿元的金融债券，成为第一家发行境内金融债券的金融资产管理公司。

◇ 与中石油旗下昆仑信托共同发起设立宁波秋实投资管理合伙企业（有限合伙），第三方资产管理业务进入新阶段。

◇ 通过华建国际在香港发行20亿元离岸人民币债券，这是金融资产管理公司第一次发行离岸人民币债券。

◇ 参与中国农业产业发展基金的发起设立，并由旗下信达资本竞标获得了基金管理人资格。标志着中国信达的资产管理业务迈上了新台阶。

2013 年

◇ 1月29日，与上海银行的《战略合作框架协议》签字仪式在公司总部举行。

◇ 向雅安芦山地震灾区捐款400多万元。

◇ 4月25日，与云南省人民政府在昆明签署《战略合作协议》。

◇ 6月24日，被国家税务局和地方税务局联合授予"纳税信用A级企业"称号。

◇ 12月12日，公司股份在香港联合交易所主板上开始买卖，股份代号01359。成为首家登陆国际资本市场的中国金融资产管理公司。

2014年

◇ 3月30日，第三届岭南论坛在广州开幕，作为此次论坛的首席支持伙伴。

◇ 5月8日，公司正式宣布，已通过境外平台公司成功定价15亿美元债券。这是截至目前国有金融资产管理公司在境外发行的规模最大的一笔美元债券，同时也是自2005年以来中国金融机构首次采用144A规则面向美国投资人发行债券。

◇ 5月16日，恒生指数有限公司公布了截至2014年3月31日的恒生指数系列季度检讨结果，公司股票（代号：01359）入选恒生中国企业指数成分股。相关变更将于2014年6月9日起生效。

◇ 5月，四家资产管理公司共同签署《金融资产管理公司不良资产业务自律公约》。

◇ 7月，荣获美国LACP国际年报评比金奖。

◇ 9月，公司股票被纳入香港恒生神州50指数成分股，该变动已于2014年9月8日生效。

◇ 12月4日，2014年"中国上市公司海外高峰论坛暨中国证券金紫荆奖颁奖典礼"在香港举办，公司荣获"最佳上市公司"奖项。

2015年

◇ 1月22日，携手上海国有资产经营有限公司，在上海发起成立"共赢未来·信达国鑫国企混合所有制改革（上海）促进基金"。

◇ 3月4日，公司浙江分公司在淘宝网资产处置平台上通过网络公开竞价成功处置两户不良资产。这是公司首次通过淘宝网处置不良资产，反响良好。

◇ 3月，中国国际贸易促进委员会致函公司，确认公司正式成为亚太经合组织（APEC）中国工商理事会成员。

◇ 4月16日，通过子公司于境外成功在其中期票据计划下发行30亿美元债券。公司成为市场上唯一通过144A规则发行债券的境内金融资产管理公司。

◇ 5月，由中国信达全体员工捐款280万元重建的四川汉源县富泉镇白岩信达小学正式落成。5月11日，落成典礼及捐赠仪式在白岩信达小学举行。

2016年

◇ 3月，《亚洲法律杂志》（ALB）公布2016年中国法律大奖入围名单，公司荣获"年度最佳银行和金融服务业公司法务组大奖"及"年度最佳国有企业公司法务组大奖"两项提名。

◇ 5月30日，与中国银行在香港联合举办南洋商业银行股权交割仪式，宣布有关南商股权转让的所有工作全部顺利完成。

◇ 6月14日，成功发行首只价值100亿元的国内金融资产管理公司二级资本债券。

◇ 6月24日，荣获2015年度中国银行业最具社会责任金融机构奖。是唯一获得这一奖项和荣誉的金融资产管理公司。

◇ 9月23日，在香港成功发行首笔美元计价优先股，总额为32亿美元。这是中国境内非银行金融机构美元计价优先股的首次发行。

◇ 12月21日，与山西省人民政府战略合作协议签约仪式在太原举行。

◇ 12月9日，《金融时报》"2016中国金融机构金牌榜·金龙奖"颁奖典礼在京举行，公司荣获"最佳资产管理公司奖"。

◇ 12月，《环球金融》杂志公布2016年度"中国之星"系列奖项名单，公司荣获"中国之星·最佳企业治理"奖项，这是公司继2015年后第二次获得该奖项；第十六届中国上市公司百强高峰论坛在京举行，公司再度荣获"中国百强企业奖"。

参考文献

[1] 白倩:《宏观审慎政策工具和框架——向二十国集团财长和央行行长提供的最新报告》,《金融会计》2011年第5期。

[2] 白钦先、徐沛:《当代金融理论中的股票市场:功能与作用条件的再认识》,《金融研究》2003年第3期。

[3] 白钦先:《以金融资源学说为基础的金融可持续发展理论和战略——理论研究的逻辑》,《华南金融研究》2003年第3期。

[4] 陈瑞、傅强、黄映红、李琳:《金融资产管理公司的未来定位及支持国企改革构想》,《现代管理科学》2018年第3期。

[5] 程凤朝:《金融不良资产评估》,中国人民大学出版社,2003。

[6] 何自云:《商业银行的核心功能:管理金融风险——兼论商业银行的未来》,《财经科学》2002年第5期。

[7] 黄达:《金融学》,中国人民大学出版社,2009。

[8] 黄少安:《现代产权经济学几个基本问题研究》,《学术月刊》1999年第9期。

[9] 金融资产管理公司改革和发展课题组:《我国金融资产管理公司的改革和发展》,《金融研究》2006年第4期。

[10] 金晓、徐师范:《金融资产管理公司的基本运作框架》,《国

际金融研究》1999 年第 4 期。

[11] 李迅雷、李明亮：《中国投资银行功能及其业务发展方向》，《上海金融》2014 年第 3 期。

[12] 刘燕：《金融资产管理公司性质与运行程序探讨》，《中山大学学报》（社会科学版）2000 年第 6 期。

[13] 谭加劲、高洁：《金融租赁与中小企业融资：基于金融功能理论的探讨》，《南方金融》2007 年第 4 期。

[14] 王建军、徐伟宣、张勇：《基于 Beta – PERT 分布的单项不良资产定价决策》，《数理统计与管理》2007 年第 3 期。

[15] 王元凯：《国有资产管理公司金融功能的国际比较》，《新金融》2015 年第 3 期。

[16] 吴晓求：《现代金融的核心功能是配置风险》，《经济经纬》2003 年第 6 期。

[17] 杨凯生：《中国 AMC 不比美国 RTC 干得差》，《经济日报》2001 年 7 月 18 日。

[18] 张士学：《转型时期的特殊金融安排：中国金融资产管理公司运行实践的新制度经济学分析》，经济科学出版社，2007。

[19] 张亦春：《金融资产管理公司：模式比较、绩效分析和我国的现实选择》，《东南学术》2000 年第 4 期。

[20] 中国保监会武汉保监办课题组：《对保险功能的再认识》，《保险研究》2003 年第 11 期。

[21] Aghion, P., P. Bolton and S. Fries, "Optimal Design of Bank Bailouts: The Case of Trasition Economies," *Journal of Institutional and Theoretical Economics*, 1999, 155 (1): 51 – 70.

［22］ Allen, F. and D. Gale, "Comparative Financial Systems: A Survey," Working Paper, 2001.

［23］ Brenna, G., T. Poppensieker and S. Schneider, "Understanding the Bad Bank," McKinsey & Company, 2009, Retrieved 8 May 2014.

［24］ Coase, R. H., "The Problem of Social Cost," *The Journal of Law and Economics*, 1960, (3).

［25］ Commons, R., *Institutional Economics* (Macmillan, 1934).

［26］ Corbett, J., and J. Mitchell, "Banking Crises and Bank Rescues: The Effect of Reputation," *Journal of Money, Credit and Banking*, 2000, 32 (3): 474–512.

［27］ Jorgenson, Dale W., "Capital Theory and Investment Behavior," *American Economic Review*, 1963, 53 (2): 247–259.

［28］ Levine, R., "Financial Development and Growth: Views and Agenda," *Journal of Economic Literature*, 1997, 35: 688–726.

［29］ Ma Guonan and Ben S. C. Fung, "China's Asset Management Corporations," Monetary and Economic Department, BIS Working Papers No. 115, August 2002.

［30］ Merton, R. C., "A Functional Perspective of Financial Intermediation," *Financial Management*, 1995, 24 (2): 23–41.

［31］ Mitchell, J., "Bad Debt and the Cleaning of Banks' Balance Sheets: An Application to Transition Economies," *Journal of Financial Intermediation*, 2001, 10: 1–27.

［32］ Neyer, U. and T. Vieten, "Comparison of Different Bad Bank

Models," Working Paper, 2010.

[33] Shih, V., "Dealing with Non-performing Loans: Political Constraints and Financial Policies in China," in *The China Quarterly*, (Cambridge University Press, 2005).

[34] Stiller, G. J., "The Economics Of Information," *The Journal of Political Economy*, 1961, 69 (3): 213 –225.

[35] Williamson, G. O. *Market and Hierarchies: Analysis and Antitrust Implications* (New York: Free Press, 1975).

图书在版编目(CIP)数据

金融资产管理公司功能研究/王元凯著.--北京：
社会科学文献出版社，2018.12
（清华·国有企业研究丛书）
ISBN 978-7-5201-4118-5

Ⅰ.①金… Ⅱ.①王… Ⅲ.①金融公司-资产管理-研究-中国 Ⅳ.①F832.3

中国版本图书馆CIP数据核字（2018）第298002号

清华·国有企业研究丛书
金融资产管理公司功能研究

著　者／王元凯

出　版　人／谢寿光
项目统筹／陈凤玲　田　康
责任编辑／田　康

出　　版／社会科学文献出版社·经济与管理分社（010）59367226
　　　　　地址：北京市北三环中路甲29号院华龙大厦　邮编：100029
　　　　　网址：www.ssap.com.cn

发　　行／市场营销中心（010）59367081　59367083
印　　装／三河市尚艺印装有限公司

规　　格／开　本：787mm×1092mm　1/16
　　　　　印　张：14.75　字　数：178千字
版　　次／2018年12月第1版　2018年12月第1次印刷
书　　号／ISBN 978-7-5201-4118-5
定　　价／78.00元

本书如有印装质量问题，请与读者服务中心（010-59367028）联系

▲ 版权所有 翻印必究